日本初の片づけヘルパーが教える

親の健康を守る実家の片づけ方

永井美穂
片づけヘルパー

大和書房

寝たきりの人が部屋を片づけたら歩くように

私のお客様に、日中のほとんどをベッドの上で過ごす女性がいました。そのご自宅は、ベッドから食卓、そしてその先のキッチンまで、床にモノがあふれ、わずかな通り道が、まるで獣道のようにのびていました。少しずつ床のモノをかたづけました。そうすると歩きやすくなってキッチンに水を飲みに行くことができ、トイレも自力でできるようになったのです。ほとんど寝たきりだった女性は、部屋を片づけたことによって進んで歩くようになり、行動範囲が広がり、もっと言えば生きがいを取り戻したのです。

このような事例を介護福祉士の仕事をしていく中で幾度も経験し、介護の現場に整理収納の必要性を強く感じていました。そして、整理収納アドバイザーの資格を取り、「片づけヘルパー」として、介護現場に整理収納を取り入れることにしたのです。

片づけヘルパーは、介護と整理収納のプロで、両方を担います。私は片づけヘルパーを「介護のスキルと整理収納のスキルを掛け合わせたヘルパー」と説明しています。そして、片づけヘルパーが高齢者のために行う片づけは、大好きな自宅で少しでも長く生活できるように、健康、安全に暮らせることを目標にしています。

実は片づけをめぐって親子ゲンカが絶えません。「片づけ＝きれい」が目標と思う子どもと、きれいでなくてもいい親のギャップが原因です。

そこで本書は、実家で暮らす高齢のお父さんお母さんのために、娘や息子ができる片づけの方法を具体的に1冊にまとめました。「もっと早く知っていればよかった」と喜んでいただけるノウハウばかりです。親子ゲンカが減って、ご家族が幸せに暮らしていただけることを心より願っています。

片づけヘルパー　永井美穂

目次

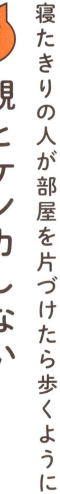

PART 2

親のためにできる片づけのコツ

PART 3

介護が必要になったときの片づけのコツ

PART 4 最期を迎えるための片づけのコツ

PART 1

親とケンカしない片づけのコツ

「帰るたびに、少しずつ散らかっていく」「あんなにきれいだった実家がゴミ屋敷に！」など、実家が片づいていないと、そこに暮らす親の健康状態はもちろん、生活そのものも心配になります。心配から強くあたってしまい、親とうまくコミュニケーションが取れずにケンカになってしまうことも。円満に片づけを進めるとっておきのコツを紹介します。

1

親はゴチャゴチャしてても気にならない

悩みポイント

モノであふれている実家に帰ると、うんざり。親は片づけたいと思ってないの!?

子どもの気持ちと**親の気持ちは違う**もの

片づけなくても大丈夫、と親は思っている

モノが多くても**必要なモノばかり**、のつもり

親は積極的には片づけたいとは思ってニャイのよね

一見、ゴチャゴチャしていても、親にとっては快適空間。娘が「片づけたい」と思っていても、親はどちらでもいい。

実家を「片づけてほしい」と思っているのは、実は子どもだけです。親は別に「片づけたい」とは思っていません。子どもはそこをはっきり知る必要があります。

老齢のお父さんとお母さんのふたり暮らし、もしくはどちらかのひとり暮らしの家庭では、そんなには頻繁に外出しませんし、自分の家が散らかっているかどうか客観視もできなくなっています。

1日のうちでいちばん長くいる場所に必要なモノを集めておけば、いちいち移動しなくてよくなりますし、親にとっては快適空間というわけです。

「どうしてここに、使わないようなモノが置いてあるの?」と子どもが思ったとしても、それは親にとって余計なことなのです。

2

「片づけて!」と言われると親はカチンとくる

悩みポイント

親は片づけに無頓着。でも、実家が片づいていないと何かと心配に……。

親には**健康で、安全**に暮らしてほしい

片づいていないと**転倒やケガの恐れ**もあり、心配

親は**娘に「片づけて!」**と言われると**素直に聞けない**

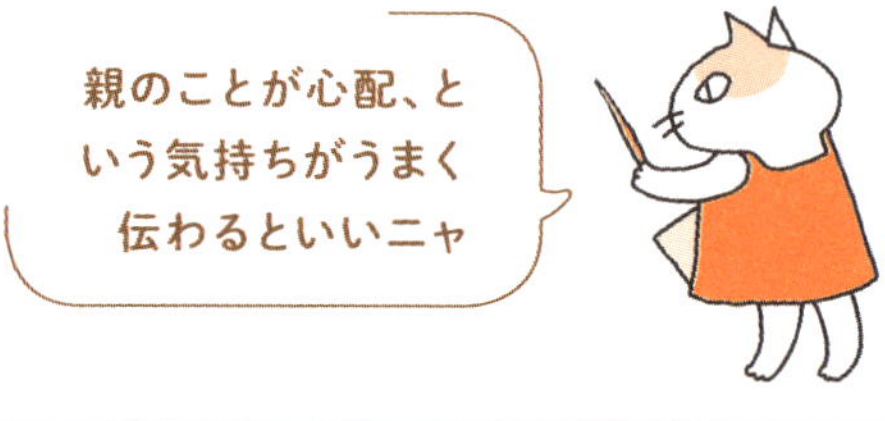
親のことが心配、という気持ちがうまく伝わるといいニャ

食器棚からあふれている食器、使っていない布団、「なんとかしたい」とは思っているが、どう切り出せば……。

片づけはどっちでもいい親の気持ちもわからないではないけれど、実家に行き、「上がってゆっくりお茶でも飲んで」と言われても、リビングの座卓の周りがモノであふれていたら、モノをどかさないと座れず、お茶も飲めない。ただきれいにしてほしい、という一方的な気持ちではなく、廊下やキッチンなど、移動したり、作業をする場所が散らかっていると、転倒やケガの恐れも出てきます。また、モノがどこにあるかわからなくなり、探しモノが増えて困るのでは……と。心配している親を思う気持ちはなかなか伝わらないのです。しかし、「片づけなくたって、どっちでもいい」という親でも、実は片づけたいと思っている場合も。ただ、娘に言われるとカチンとくる、ということもあります。

3 片づけの前に、まずは会話をする

悩みポイント

実家を片づけたいが、聞く耳を持たない親。どうすれば片づけモードにできる？

↓ **やさしいひと言**で親の気持ちが動くことも

↓ 「これがいらない」「これがジャマ」の**言葉が親のほうから**出てくる

↓ **じっくり作戦**になるかもしれないが**案外早道**だったりもする

親がその気になるには、子どもの歩み寄りだニャン

実家を本気で片づけたいなら、まず親との会話から。「お母さん、調子はどう?」の声がけから始めてみましょう。

眉間にしわを寄せて、「今日こそやってやる!」という顔をして実家に帰れば、お母さんは玄関に出た途端、「やられてたまるか!」と守りに入ってしまいます。笑顔で、「お母さん、孫連れて帰ってきたよ。調子どう?」「ごはん食べられてる?」と、まずはやさしい言葉をかけることから始めましょう。「やさしい言葉なんて悠長なことを……」と思うかもしれませんが、娘がやさしい言葉をかけてくれることで、困っていることを言いやすい状況が生まれます。「モノが多すぎて、最近つまずくのよね」「あなたが来る前にここを片づけようと思っていたんだけど、できなくて……」と、親のほうから片づけたいという言葉が出てきたら、「じゃあ、私が片づけ、手伝おうか?」となるわけです。

4

親の大切なモノを知っておく

悩みポイント

親が大切にしているモノが
何なのかわからない……。
知るにはどうすればいい？

子どもは
親が**大切にしているモノを知らない**

↓

片づける前に
親が大切にしているモノを知っておく

↓

会話をすることで
親の思いを知ることができる

親子の会話は
親の大切なモノを
聞き出すチャンス！

子どもには「これ、大事なモノなの？」と思えるようなモノでも、親にとっては大切なモノということも。

よく考えてみると、親のことをどれだけ知っているでしょうか？　一緒に暮らしていなければなおさらです。そもそもどんなことに興味があるのか、最近のマイブームは何か？　すぐ答えられる人は案外少ないと思います。

介護の現場では、例えばテレビを見ながら、「役者さん、誰が好き？」「○○が好き」「この人、かっこいいよね」「お父さんの若い頃に似てるのよね」と会話をしながら、趣味嗜好を聞き出したりします。会話を通して大切にしていることを知るわけです。

モノも同じです。子どもにとって不要に見えるモノが親にとっては大切なモノということはよくあること。コミュニケーションをしながら、親の大切にしているモノに気づくことができるのです。

5

大切なモノは目に見えるところに飾る

悩みポイント

親の大切なモノがわかったら、次はどうすればいい？片づけにつなげるには？

大切なモノを**見えるところに飾る**のは**片づけの有効な手段**

親は娘が**同じように大切**にしてくれることがうれしい

思い出を共有できたことで**モノへの執着が消える**

楽しい思い出話をすれば、気持ちも若返るニャン

こけしを大切にしているなら、きれいに拭いてお母さんのよく目につくところに飾ります。テレビ台などもおすすめです。

親の大切なモノがわかったら、「目に見えるところに飾る」というのも、片づけるためには有効な手段です。

例えば、部屋の隅に無造作に置かれていたこけし。このこけしが、実は若い頃に夫婦で旅行に行ったときに買ったモノで、「そういえば、私に似てると言ってお父さんが買ってくれたのよね」と昔話に花が咲きます。「じゃあ、大切なモノだから、きれいに拭いてここに飾ろうよ」と娘が提案したとしましょう。お母さんはきっと喜ぶに違いありません。そして、娘が自分と同じように大切にしてくれることで、お母さんのモノへの執着が消え、場合によっては「古臭いからもう処分しようかしら」ということに。思い出を共有できたことで満足する例です。

6 親の家は親の家、子どもの家ではない

悩みポイント

自分の生まれ育った家だから、ついつい気になってしまうけれど、間違ってる？

実家だからといって**自分の家ではない**という自覚を持とう

親の家を片づけているのは**親のため**。
自分のためではない

実家にある子どものモノは**親のストレス**でしかない

実家に自分のモノを
置いてニャイかな？
一度、考えてみて

実家はもはや自分の家ではありません。実家は親の家、自分の家ではない、という自覚を持ちましょう。

勘違いをしてはいけないのは、「親の家は親の家であって、子どもの家ではない」ということです。片づけをしたいのは、あくまでも親のため。自分のためではありません（ひいては自分のためなのですが）。親が生きているうちは親のために片づけをしているのです。自分本位で片づけるのではなく、あくまでも親ファーストでいきましょう。

また、よくあるのが、実家に自分のモノを置いている、もしくは自分の部屋がそのままあるといったケース。親が60代くらいまでは「子どもが帰って来たときのために使ってもらえば」くらいの感覚でよかったのですが、80代にもなると自分のモノも片づけられないうえに、子どものモノはもはや負担でしかなく、ストレスにすらなります。

7

親に黙って、勝手に捨てない

悩みポイント

どうせ何があるか把握していないから、黙って捨てても大丈夫なのでは？

「**どうせわからないから**」は親子でもＮＧ

捨てるときは**ひと声かける**

ゴミ扱いしないで**活用する方法を提案**してみても

同じことをするにしても勝手にされると頭にきちゃうニャン

捨てた後で「あれどこ行った？」と聞かれたら、「捨てた！」では、いくら親でも×。捨てるときは必ず確認して。

高齢者がため込みがちなものに、今はやらなくなってしまった趣味の手芸の毛糸、刺しゅう糸、ボタン、ハギレなどがあります。もう作らないだろうし、こんなにたくさん必要ないからと、親に無断で捨てないでください。本人にとっては大切なモノ。「毛糸でコサージュを作って近所の人に配ると喜んでもらえたのよね」とうれしい記憶は残っています。たとえもう作れなくても、ゴミのように捨てられるのはつらいし、娘に勝手に捨てられてしまったら悲しい。

最近は、手芸用品の素材だけを売っている「素材フリマ」なども開催されています。出店するのはかえって手間ですから、主催者に販売してもらう方法も。親に「フリマに出してもいい？」と提案してみるのも手でしょう。

8

相手が大事にしているモノを大事にする

悩みポイント

夫婦の場合、相手が大切にしているモノだとはわかっていても不要に見える……。

↓

ふたり暮らしだと**相手のモノに不満**がたまりがち

↓

お互いのモノが**活用できないか****という発想**を持つ

↓

自分の**お気に入りのモノが役に立つ**とうれしい

自分の集めているモノに出番があるとうれしいのだ

空き箱とハンカチ。合わせたらすっぽり納まって。お互いのコレクションがうまくいったケースです。

ご主人は空き箱が大好き、奥さんはハンカチが大好き。お互い結構な量をため込んでいて、収納しきれず、あふれていました。仲が悪いご夫婦ではありませんが、「空き箱を集めてもかさばるだけ」「そんなに大量のハンカチ、使いきれるのか」とお互いに少々不満があるようでした。そこで、こんな提案をしてみました。「ご主人の空き箱に、奥さんのハンカチを収納してはいかがですか」と。ご夫婦は目を見合わせて、早速実行。「こんな方法があったなんて」としまいきれなかった空き箱とハンカチがきれいに収納できました。〝いつか役に立つといいな〟と思っていたお気に入りのモノが役に立った瞬間でした。それ以来、ご夫婦はお互いのコレクションへの不満がなくなったそうです。

9

「きれい」より「安全第一」を心がける

悩みポイント

せっかく片づけるならきれいにしたい。でも、高齢者の場合は少し違って……。

高齢者の片づけは**「きれいさ」を優先させない**

ケガや転倒を防ぐ片づけを目指す

一見、不要に見えるイスや台が**「安全」を担っている**こともある

インテリア雑誌のような部屋を目指してもだめニャン！

落ちてくる危険があるようなモノは下に置く。安全第一の基本ですが、高齢者にとっての安全を考えましょう。

床にうずたかく積まれた新聞や雑誌は、言うまでもなく高齢者にとっては危険ですから（いつ崩れてきてもおかしくない）、すぐに撤去したほうがいいですが、高齢者にとって「安全第一」には2通りの意味があることを知っておいてください。まずは、崩れてくる、滑りやすいなど、ケガや転倒になる危険性のあるモノは撤去するということ。もうひとつは、あえて「そこにある」ということ。つまり、そこ（イスや台など）に手をついてキッチンやトイレに行くこともあるので、むやみにイスや台を片づけてはいけません。そこに置いてあるからこそ、起き上がったり、歩行の援助になっているので、不自然な場所にあっても意味があるからです。もちろん、ぐらぐらなイスや台は論外ですが。

10

自分の都合で親に無理強いしない

悩みポイント

片づけの約束をして、その日に行っても親のやる気がいまいちだけど……。

「せっかく来たんだし」「今日しかできないし」はNGワード

焦りは禁物。

親のゆるゆるペースに合わせる

親には見ててもらうだけでもいい

急いで片づけても
お互い疲れるだけ。
焦らないで！

お休みを返上して、今日しかできない……。一気にやりたい気持ちは抑えて、親のペースに合わせることも。

今日しかできないし
仕事あるし
片づけようよ〜
はいはい

「来週の日曜日、片づけようね」と約束をして、「今日は片づけるよ！」と訪ねたものの、「あれ、今日だっけ？」「めんどくさくなった」とやる気を失っている母親。せっかく休み返上で来たのに、肝心のお母さんが片づけモードに入っていない。高齢者にはよくあることです。だからといって戦闘態勢で、「今日しかできないし、明日は仕事だし……」と言えば、ケンカになってしまいます。そこで、「じゃあ、お茶でも飲んで、今日はここだけやろうか」と無理をしないことです。お母さんも「せっかく来てくれたんだから、やらないとね」とやる気を見せてくれるはず。「お母さんは座って見てて」と、片づけたいモノをそばまで持ってきて、実際の作業は自分がやってもいいでしょう。

11 ケンカしない魔法の言葉「ちょうだい」

悩みポイント

モノを手放してほしいときにかけるといい言葉があれば教えてほしい！

「こんなモノいらない」じゃなく
「ちょうだい」と言ってみる

「欲しい」と言われて悪い気はしない。
自分のモノが**必要とされてうれしい**

自分のモノになれば、**後は自分で**
いる、いらないを**決められる**

もらってしまえば
後は子どもが判断
すればいいこと

「捨てるよ！」「いらないでしょ」と言って親の気分を害すのでなく、「ちょうだい！」と言えるやさしさも。

捨てればいいわけではないことはわかっていても、モノが多すぎる、もう少し減らしてもいいのでは、という場面は多々あります。「これ、捨てていい？」「いや、まだ使うから」。これではらちがあきません。

そんなときに有効な魔法の言葉があります。その言葉は、「ちょうだい」。一見、横暴な言葉のように聞こえますが、意外に効果を発揮します。ある方は、座布団が何十枚も実家にあり、スペースも取っているし、冠婚葬祭で使うこともなくなったので、処分したほうがいいと思いましたが、あつらえた座布団を捨てたくなかったお母さんに、「ちょうだい」と言ってみたそうです。すると、「いいよ！」と喜んでくれたそう。持ち帰って数枚は使っていますが、残りは処分したそうです。

12

「こんなのいらない」はNGワード

悩みポイント

収納や食器棚に今は使っていない大ぶりの食器や道具がいっぱいあって……。

昔はよく使っていたモノだということを理解してあげる

置いておくと**危険な場合もある**ことを伝える

まだ使う場合は**使いやすい場所に移動**させる

空いたスペースは
そのままでOK！
モノが落ちる心配なし

「こんなのいらないでしょ！」だけでなく、いらないなら処分、いるなら下のほうに置こう、ときちんと伝えましょう。

今の高齢者は、台所仕事を頑張っていた世代。家に大きな蒸し器や寿司桶、フルーツの盛り皿、そうめんセットなど、大家族向けの調理道具や食器がたくさんあります。でも、今はもう使っていない、収納や食器棚に入っていることさえ忘れている場合も。そのままにしていても支障ないのでは、と思うかもしれませんが、収納場所の上部に大きな食器や調理道具が入っていると、地震の際に飛び出してくるなど危険を伴います。また、お母さんが使いたいとなったときに、イスに上って取ろうとして転倒、ということにもなりかねません。「こんなのいらないでしょ！」と処分するのではなく、安全な場所にいったん移動させてみて使うかどうかを試せば、本当に必要かがわかります。

13

どんなにひどくても責めてはダメ

悩みポイント

実家に行くとたまっているゴミ。きちんと捨てないとゴミ屋敷になってしまう！

以前はできていたゴミの**分別ができなくなっている**

↓

ゴミを出せる**システムを作る**

↓

行政によってサービスが違うが**ゴミ回収サービスを利用**して

捨てたいけど捨てられなくなってるニャン

ゴミが捨てられないのは、以前はできていた分別ができなくなっているから。「ゴミ屋敷になっちゃうよ！」はNG。

高齢者によっては、ペットボトルのキャップを取って、包装のビニールを外してといった、細かいゴミの分別ができなくなってきます。できなくなってくるから、後でやろうとたまってしまい、悪循環に。それを見て、「このままじゃ、ゴミ屋敷になっちゃうよ！」は当然NGワード。ゴミが出せなくなっているので、ゴミを出す仕組みを作ってあげることが大切です。娘が頻繁に捨てに行く、ヘルパーさんに捨ててもらう、介護保険を利用していなければ、福祉課に相談に行くなどです。行政によってその取り組みはまちまちですが、例えば、団地の場合でも、玄関の前に置いておけば回収に来てくれるサービスもあるそうです。要介護以上、80歳以上など、行政によって違うので調べてみてください。

14

親も老いる。昔と同じ親だと思わない

悩みポイント

以前まではきれいだった実家。親のやる気の問題？きれいにできるはず!?

「やる気がないだけ、できるでしょ」はNGワード

年齢に伴ってできることができなくなってくる

親に代わって片づけをするつもりで

つらいのはお母さん自身だったりする。突き放さないで！

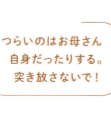

「あんなにきれい好きだった
お母さんが、こんなに無頓着
になるなんて」と悔やまず、今
のお母さんを見てあげて。

「お母さん、あんなにきれい好きだったんだからできるでしょ！」とつい言ってしまうかもしれません。母親が家をきれいに保てなくなったことを認めたくないからです。やる気さえあればできるはず、と根性論になっていませんか。「毎日が日曜日なんだから、いつでもできるでしょ！」も言いがちなワード。でも、お母さんはもはや、やりたいけれどやれなくなっているのです。今のお母さんをしっかり見てあげてください。

親はいつまでも昔のままではありません。せつないけれどそれが現実。親が健康で安全に暮らすために片づけをするわけですが、実際には親主導ではなかなか進みません。親の気持ちに寄り添いながら、子どもが親に代わって進めていくしかないのです。

15

生前整理がなかなかできない親の気持ち

悩みポイント

親に生前整理をしてほしいと思うが、それを強要するのはははばかられるし……。

親はかならず**「死んだら捨ててくれればいい」**と言う

↓

これからの人生を**どのように過ごしたいかを確かめるため**にする

↓

誤解が生まれないように**子どもから提案**してみる

↓

信頼関係が築けているなら、言いにくいことも言えるニャン！

「死んだら片づけて」と言う母。「今からやっておいてほしい」と思う娘。本音がなかなか言えません。

生前整理というと、自分が亡くなった後、残された家族が困らないために整理をすることだと思っている人が多いです。そして、必ず「死んだら捨ててくれればいい」と言います。子どもから生前整理の提案をすると、「早く死んでほしいの？」とイメージも悪い。しかし、生前整理は親の残された人生をよりよくするためにするもので、「これからの人生をどのように過ごしたいか？」「亡くなった後、子どもにどのように片づけてほしいか」の確認作業になるわけです。そのことを親にわかってもらう必要があります。だからこそ、コミュニケーション。これまで会話の必要性をたくさん書いてきましたが、生前整理はその総集編で、実践するチャンスですから、思いきって提案してみてほしいのです。

16 生前整理をすすめる本当の理由

悩みポイント

親が亡くなってしまった。整理したいが、遺品を見るのがつらい……。

親が亡くなった途端、
思い出とともにモノは**自分のモノになる**

自分のモノになってからでは
整理は**余計に大変**

「**私を助けると思って**
生前整理をしてほしい」と言ってみる

親が亡くなった寂しさに加えて、遺品整理はしんどい作業ニャン

親が亡くなった後の遺品整理はつらい。生きているうちに片づけておけば、と思ってもそれはもう遅いのです。

「私が死んだら、片づけて」「全部捨ててもらってもいいから」などと、親から冗談混じりに言われることがあると思います。実際、亡くなった後は、親自身もわからないことですし、親のモノをどう処分するかは子ども次第です。しかし、「この服、くたびれていたけどいつも着ていたな」「たくさん湯飲みあるのに、気に入ってこればかり使っていたな」と、親が亡くなった途端、それは思い出となって新しい価値を持ってしまいます。もちろん、毎日頻繁に使っているモノを整理する必要はありません。けれど、価値があるモノを知らずに処分してしまうことは親にとっても子どもにとっても残念なことです。「私を助けると思って整理してくれる」と言ってみてもいいかもしれません。

17

親の子を想う気持ちがモノを増やす

悩みポイント

実家に大量の保存容器や割り箸が……。こんなにため込んでどうするの！

ため込んでいるのは**子どもを思う親心**から来ていることも

↓

気持ちを理解して**必要な量に減らしていく**

↓

衛生面も考えて処分したほうがいいモノは選別を

↓

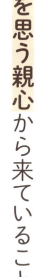

子どもに手料理を作って持たせてやりたい、という思いから大量の保存容器をため込んでいるお母さん。

あるお宅は、キッチンの棚にびっしり新品の保存容器が。こんなにあってどうするのだろうと思っていたら、「娘が帰ってきたときに、手料理を持って帰らせたいのよね」と言った方がおられました。ただ、それにしては量が多すぎる。でも、これが親心。子どもを思ってため込んでいるのです。

実家に大量の保存容器がある、というのはよく聞きます。このお宅のように新品ならまだしも、古くなって劣化したものも大事に取ってあったり……。手料理を持たせてくれる場合、「今度来るとき、この容器は持ってくるから、これは処分する?」というように、汚れたり、傷がついたものは処分することを提案しましょう。きちんと密閉できないと衛生的にも問題があります。

18

娘だからわからない父の心

悩みポイント

ひとり暮らしのお父さん。なかなか意思の疎通ができない。どうすればいい？

娘は父親の気持ちが**理解しづらい**

↓

父親と会話をして気持ちを理解する

↓

娘だから父親にできることもあるはず

お母さんに代わって
お父さんを守れる
のは娘だニャン

お父さんが悲しまないようにと、お母さんのモノを取っておくのは、本当にお父さんのためになっていますか？

まもなく90歳を迎える男性は、奥さんを2年前に亡くされました。娘さんはふたりですが、別に暮らしているので男性はひとり暮らし。娘さんのひとりから依頼を受けました。実家は2年たっても奥さんの洋服や日用品がそのままでした。娘たちはお父さんが寂しがるだろうと、お母さんのモノをそのままにしていたのです。男性は「妻のモノがあると思い出してつらい。早く処分してほしい」と私に言ってきました。娘さんたちが良かれと思ってやっていたことですが、お父さんにはつらかったのです。すぐ、奥さんのモノを処分してすっきりさせると、男性は男泣きをし、これで苦しまなくてすむと喜んでくださいました。娘さんたちもその気持ちにやっと気づいたのです。

COLUMN ❶

片づけヘルパーQ&A 1

片づけたい気持ちはあるのに、「どこから手をつけていいのかわからない」「実家のモノをどうにかしたい」と悩んでいる人に片づけヘルパーがお答えします。

Q1

実家がモノであふれているので、「片づけよう」と提案したところ、母は協力的ですが、父は「必要ない」と言います。どうしたらいいですか？

A1

モノは父用、母用、共用と分けて置き場所を決めます。共用とお母様のモノはあなたとお母様と一緒に片づけましょう。きれいになり、使いやすくなったのをお父様が実感できると、お父様も片づけるようになります。

Q2

10年以上開けていない物置があって、両親しか中のモノがわかりません。今のうちに片づけたいのですが、どうしたらいいでしょうか？

A2

10年以上開けていないとなると、今、必要なモノが入っている可能性はかなり低いと思います。ご両親に中のモノを確認したい旨を素直に伝え、一緒に片づけたいと提案してみましょう。案外、ご両親も整理できるチャンスだと思ってくれるかもしれません。しまい込んでしまうと使わない死蔵品になってしまいます。

Q3 年賀状をずっと取ってあります。思い出もあるのでなかなか整理できません。どうしたらいいですか?

A3

現在、何年分取ってあるのか、どのようにまとめてあるのかわかりませんが、まずは何年分保存したいのかを決めるといいでしょう。年ごとではなく、全部ひとまとめにしているのなら、年ごとに分けて保存するか、いちばん新しい年の年賀状のみ保存するか決めましょう。

Q4 実家を何度片づけても母が散らかします。私が片づける、母が散らかすといういたちごっこです。どうしたらいいでしょうか?

A4

同居なさっているなら、日ごろのお母様の行動を観察してみる、同居していないなら、クセやこだわりを知り、お母様自身にモノの置き場所を決めてもらい、置いてもらいましょう。自分で決めた場所に置くと散らかしにくくなります。

Q5 実家の冷蔵庫の上に大きな木桶があります。もう使っておらず、ジャマなのですが、母をどう説得したらいいでしょうか?

A5

あなたが処分しなきゃいけないという思いをいったん横に置きましょう。そして、お母様に処分できない理由を聞いてみてください。きっと大切な思い出があるのだと思います。お母様の心に添い、思い出を共有してあげると、案外すんなりと手放してくれることがありますよ。

Q6

母に新しいセーターを買ってきたのですが、着古したセーターを処分しません。

新しいセーターを買う前に、お母様にどうしてそのセーターが気に入っているのかお聞きしましたか？　お母様の気持ちを聞かずにあなたの一方的な思いだけで、お母様に押しつけていませんか？　年を重ねるとかぶるセーターよりも前開きのカーディガンのほうが着やすいことも。

Q7

実家の父が脱いだ服をあちこちに置いて、母がとても困っています。父が自分で片づけるには?

お父様がどこを通って、どの部屋に向かうのか、そして最初にどこで洋服を脱ぐのか、まずはお父様の行動を観察してください。いちばん多く服が脱いである場所にカゴを置いてみましょう。そのとき、「脱いだ服はここへ入れてね」とひと言添えておきます。カゴが洋服であふれる前に空にしておくのを忘れずに。

Q8

押し入れに客用布団があり、これがなくなるとほかのモノを収納できるのですが、母が客用布団を手放しません。どうすればいいですか?

お母様は客用布団は用意するモノだと思っている年代の方なのです。お母様に泊まるお客様がいつ来るのかをまずは聞いてみましょう。「ここ10年は来ていない」や「来る予定がない」と言ったら、手放す提案をしてみます。また、あなた自身が実家に泊まっていないなら、それも提案材料になるでしょう。

PART 2

親のためにできる片づけのコツ

「あんなにきれい好きだった母なのに」「なんでもきちんとやらないと気がすまない父だったのに」と思うかもしれませんが、親は昔のままの親ではありません。以前はできていたことができなくなり、子どもに頼らざるをえないことも出てきます。だからといって子ども主導だけでも片づけは進みません。親のために子どもができる片づけを考えます。

1

床にはモノを置かない

悩みポイント

寝たきりは防ぎたいもの。
今からできる対策とは？
片づけでできることは？

↓ **転倒して骨折する原因**になるので**床にモノを置かない**

↓ 積んだ荷物が崩れて床に広がり**獣道にならないように**する

↓ **ベッドの上で過ごす時間**をなるべく**短くする**

マットは汚れを
ため込み、かえって
不衛生なことも

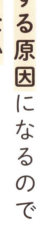

マットなどの段差につまずいて転倒し、骨折する可能性もあります。入院、寝たきり、認知症ということにも。

高齢者が気をつけなければならないことのひとつが転倒です。転倒して骨折し、入院すると筋肉が弱って、その結果、寝たきりになってしまう可能性があります。

転倒の主な原因に、床に置いてあるモノにつまずく、また、床に積んである荷物が崩れてそれにつまずくなどです。特にマットはつまずき、滑りやすいので気をつけましょう。

そのリスクを避けるためには、床は何も置かないことです。床に置いてあるモノを親に確認を取りながら片づけると、不要なモノも自然と整理できます。また、床に置いてあるモノが崩れて、廊下が獣道のようになって通れないから、食事もテレビを見るのもベッドの上で、というケースがたまにありますが、もちろん、いいことではありません。

2

片づいていることが究極のバリアフリー

悩みポイント

老親が住みやすい家はバリアフリーなこと。段差が多い家はどうすればいい？

↓

部屋の敷居やトイレ、お風呂場など段差が気になるところを解消

↓

つまずいたり、体勢が不安定になりがちな場所をなくす

↓

部屋が片づいていることがバリアフリー

隣り合わせた畳敷きの和室とフローリングの洋室で段差があることが多い。緩衝材で段差を解消します。

転倒防止に効果的なのが、バリアフリー。バリアフリーをする場所としてすぐに思いつくのが、部屋と部屋の間の段差、お風呂場と脱衣所、そしてトイレの段差など、体勢が不安定になりやすく、つまずきやすい場所です。
例えば、部屋と部屋の段差にはホームセンターなどで買える段差緩衝材をつけ、お風呂場やトイレはすのこを敷くことで段差が解消されます。ただし、バリアフリーは段差を解消したから大丈夫というわけではありませんし、その場所だけやっても意味がないのです。というのも、床にモノが散らかっていれば、それにつまずいて転倒することも考えられます。床にモノを置かないことは、お金をかけずにどの家庭でも、もっとも簡単にできるバリアフリーと言えます。

3

親のために〝殺し屋〟になる

悩みポイント

高齢の親に代わって、子どもがどこまで片づけに介入すべきか迷う……。

親の代わりに手を下す覚悟を持つ

親はできれば**子どもにゆずりたい**と思っている

捨てるか迷ったら**もらってきてから捨てる**という手段も

親の本心は「子どもに頼るしかない」と！

モノを選別、処分する作業はしんどい。高齢の親の代わりに手を下すのは自分だと割り切りましょう。

ちょっと乱暴な言い方になりますが、娘は親のために〝殺し屋〟になる覚悟をしなければいけません。モノを選別したり、処分するのはしんどい作業です。親と片づけながら、「これどうする？」という場面が出てきたら、「私がもらっていい？」ともらってしまうという方法も。親は捨ててもいいと思っていても、手を下すのはイヤ、後は娘にゆだねたいというのが本心。あわよくば使ってもらえるなら、本当にうれしいのです。

たくさんカバンを持っている義理のお母さんに、「結婚式に持っていくカバンを貸してほしい」と思いきって相談したところ、「どうぞ、どうぞ！　よかったらそのまま使って！」と言われたというお客様もいました。もらってもらえるとうれしいのです。

4

収納用品は新しく買い揃えなくていい

悩みポイント

実家にある収納容器をすっきりと買い揃えれば片づけが進むかとも思うが……。

↓

親が使い続けている**空き缶や空き箱をそのまま使う**

↓

空き缶にラベルを貼ってわかりやすく。
親には**「ここに入っているから」**と伝える

↓

きれいなケースに入れ替えたいと
思っているのは**家族だけ！**

空き缶や空き箱を
利用するといいニャン

小物や書類などをしまっている空き缶、空き箱にラベルを貼って、何が入っているのかわかるようにします。

小物や大切な書類、通帳などをお菓子の空き缶や空き箱にしまっている親は多く、しまってあるモノを缶や箱の色や形、デザインなどで認識していることがあります。

でも、「汚れているから」「このほうがおしゃれだから」などと言って、家族が勝手に色も形も同じ収納容器に入れ替えてしまうと、親はわからなくなってしまい、戸惑います。

箱や缶にしまってあったら、それも収納のひとつと考えて、入れ替えずにそのまま使いましょう。そして、ラベルを貼って「○○はこの缶（箱）に入っているからね」と伝えれば親は安心しますし、混乱しません。

同じ色や形の容器を揃えて「きれいに収納したい」と思っているのは家族だけ」と心にとめておきましょう。

5

残すのは覚えておけるモノだけに

悩みポイント

親の洋服が増えすぎて、着ていないものであふれている場合はどうする？

まず、**家中にあるモノの量**がどのぐらいか把握する

↓

アイテムごとに分けて**〝オーディション〟をする**

↓

自分で**覚えておけるだけの量**にする

↓

自分で覚えて
おける量にする
ことが大切ニャン
M

洋服やモノは自分で把握できるだけの量にします。すると自然に手放すことができ、片づけも進みます。

ここで、片づけの基本にかえって「適正量」の話をしておきましょう。適正量とは、自分で覚えておける量。これを実践するには、自分自身が審査員になり、オーディションをしなければいけません。具体的にはどうすればいいのでしょうか？

家の中で多いモノといえば、洋服、食器、本などでしょう。

まずは洋服。家にある洋服を一か所に集め、オンシーズン、オフシーズンに分けたら、Tシャツ、ブラウス、スカート、パンツなどアイテム別にします。もしくは普段着用とお出かけ用に分けてもOK。そしてオーディション、スタート。よく着る服、お気に入りの服の順にタンスに戻していきます。このとき、戻らない洋服が出てくるでしょう。

これが自分自身で不要だと思っている洋服です。だからといってすぐに手放すことができない場合は、2軍として箱などに入れて押し入れの奥にしまっておきます。しまったまま1、2年たってしまった場合は不要な証拠。手放しやすくなるでしょう。

高齢になると、重い洋服やクリーニングが必要な洋服、スカートなどは手放す対象になります。親の身体の状態によっては、セーターのようにかぶらなければならない洋服やヒールの高い靴なども不要になってきます。

食器もまずは一か所に集め、大皿、小皿、コップ、マグカップなどアイテム別に分け、今後、どんな食器がどれぐらいあればいいのかを決めます。現在は夫婦ふたりにもかかわらず、子どもたちがいた頃の量のままになっているケースが多いです。食器を手放すと子どもたちが帰省してくれないのではないかと不安に思う人もいるのですが、実際、帰省すると料理するのが大変で、外食で済ませて食器を使わないことも。重くて洗いにくい、しまいにくい、電子レンジが使えない食器、結婚式の引き出物、ノベルティ食器などが手放す対象です。

最後に本ですが、本棚からすべて取り出します。そして、文庫本、単行本、週刊誌、月刊誌、料理本、専門書などに分けて、よく読む本は本棚の目の高さ、ときどき読む本は下段、専門書などのように保存しておきたい本は上段に入れます。週刊誌は新しいのが発売になったら手放し、月刊誌は1年間保存するなどルールを決めるといいでしょう。

オーディションの仕分ける基準

オーディションの目安です。以下のモノは高齢者にはあまり必要ないので、手放す基準になるでしょう。

洋服

- 1～2年くらい着ていない
- 重くて着づらい
- 家で洗えず、クリーニングが必要
- スカート
- かぶりもののセーター
- ヒールのある靴
- サンダル（滑るから）

食器

- 重い
- 大きい
- おしゃれすぎる（フルーツ皿など）
- 電子レンジに使えない
- セットになっている（5枚組など）
- ノベルティ
- 引き出物
- カップ&ソーサー
- 大量にある栓抜き、しゃもじ、カトラリー

本

- 週刊誌
- 作らない料理の本（工程が面倒、味が合わなかったなどの理由あり）
- 月刊誌は1年が目安

6

身体に負担をかけない収納とは？

悩みポイント

高齢者の身体になるべく負担がかからない収納方法ってあるの？

↓

イスなどに乗らないと取れない**天袋への収納はやめる**

↓

しゃがまないと取れない場所への収納はやめる

↓

歩く距離が短くなるようモノの置き場所を考える

床下収納や天袋は身体に負担がかかるからNG！

身体に負担がなるべくかからないように、例えば引き出しなら低めのタイプがおすすめです。

高齢者の収納を考えるとき、身体に負担がかからないポイントは「高低」と「動線」です。まず適度な高さというのは、いちばん出し入れのしやすい高さのこと。目の高さから腰の高さまでによく使うモノを入れます。高齢になると身体機能が衰えて今までのような動きができなくなることがあり、イスや脚立に乗らなければ取れないような天袋や、棚の高い場所に収納しているモノは下ろしたほうがいいでしょう。さらには重くて持ち上げられないモノも同様です。どうしても使う必要がある場合は、身体に負担のかからない位置に移動させます。

高いところばかりではなく、低いところから立つ縦の動作も大変になってきます。例えば床下収納もそのひとつ。しゃがまないと床下のモノが取れず、しゃがんでも、立ち上がるときに身体にかなり負担がかかります。床下にしまってあるモノも取り出しやすい位置に移動しておきましょう。

お雛様は1年に1回しか出さないので、押し入れの奥や納戸に入れるのがおすすめですが、比較的取り出しやすい押し入れの下段に収納していた高齢の女性のお宅がありました。どうして押し入れの下段なのか理由を聞いてみたら、その女性はお雛様を出すのを楽しみにしていて、「1年に1回だけれども、お雛様がいつもここに置いてあるというのが安心するのよね」ということでした。セオリーからは外れますが、このような考え方、こうした収納も高齢者にはありなのです。

とはいえ、一般的には日常的に使うモノ、頻度の高いモノは取り出しやすい場所に。そして身体に負担がかからない収納の高さの位置は中・下・上の順番です。ちなみに引き出し式の収納は、奥行きがあるタイプや引き出しが深いタイプは取り出しにくいので避けたほうがいいでしょう。

置きやすい場所もさることながら、動線も大切です。動線とは人が動くときの道筋（経路）のことで、高齢者はこの動線を確保すると生活がしやすくなります。動きやすくなると自信になり、新たな生きがいを見つけるステップにもつながります。室内での移動距離が短ければ身体的な負担も軽減されます。

例えば、出かけるときの鞄やアクセサリー、時計など、身に着ける順番が決まっているモノは近い場所に置くようにします。キッチンで材料を切って、フライパンで炒め物をする場合、その場所を離れなくても、木べら、菜箸、調味料に手が届くと使いやすいです。ご飯を炊くときも、炊飯器の隣にお米があったらすぐに計量できるので、お釜を持ってウロウロしたり、重いお米を炊飯器まで運ぶ必要がありませんから、ご飯を炊くのが苦にならなくなります。

　収納がうまく機能していないと、やりたいのに、できないという気持ちが大きくなり、どんどんできないほうを選択し、さらに本当にできなくなります。

　衣類をタンスにしまわない、食器を洗ってもしまわない、引き出しを開けたままにしてしまう……置きたい場所に使わないモノが先に置いてあると、本当に置きたいモノが置けず、たまたま空いていた場所に置いてしまうので、次に使おうと思ったときに、どこに置いたのか忘れてしまいます。こういった悪循環を生まないためにも、身体に負担のかからない収納はとても大切なのです。

高齢者に向く収納の仕方

高齢者の収納は、ぱっと見てわかりやすい、取り出しやすい、必要な場所に動かせるなどがキーワードです。

- パイプハンガー
- オープンラック
- 奥行きと高さが深くない引き出し
- キャスター付きワゴン
- 棚板可動式の棚

7

使う頻度でモノを収納する

悩みポイント

使用頻度の高いモノ、逆に低いモノは、どうすればうまく収納できる？

↓

オン・オフシーズン別に分けて使いやすく

↓

食器も使う頻度によって収納する場所を決める

↓

しまうよりも**出しっぱなしにする**方法も

毎日使うモノは取り出しやすい場所に置くのが原則！

例えば食器棚。よく使うモノは手前、あまり使わないモノは奥にしまうと取り出しやすく、便利です。

モノは「使う頻度」で片づけ方、収納方法を変えるということも大切です。

例えば洋服。オンシーズンに使うモノとそうでないモノ、そして年間通して頻繁に着るモノがあります。奥行きのある引き出しの場合、オンシーズンに使うモノや使用頻度の高いモノは手前、そうでないモノは奥にしまいます。そうすると、引き出しもほんの少し引くだけで使いたいものがスッと取り出せますし、衣替えも簡単！

これは洋服だけでなく、食器棚でも同じ考え方です。毎日使うお茶碗やお椀、お皿などは手前、あまり使わない食器は奥に入れるようにします。特に高齢者の家の食器棚は奥行きのあるものが多いので、使う頻度が低いワイングラスなどは奥にしまい、湯飲みやマグカップなど毎日使う食器や、使う頻度の高い食器は取り出しやすいように手前に置きます。理想を言えば、棚一段は全部グラスやカップにするなど、使う用途が同じ食器にしておくといいでしょう。

食器は重たいモノや洗いにくいモノなど、使い勝手がいい食器とそうでない食器が自分でよくわかっているので、「何かのときに使うかもしれない」という食器はほとんどなく、いる、いらないがはっきりしています。片麻痺になった方が、「もう、これは使えない」と結構、割り切って手放されたケースもありました。立派な重箱でしたが不要という人もいらっしゃいました。ある90歳の男性のお宅で天袋を整理したら、全部食器だったことがあります。結婚式の引き出物や銀行からもらった小鉢などがたくさん出てきました。きっと後生大事に取っておき、しまったことを忘れていたのでしょう。こうしたケースは珍しいことではありません。

一方、洋服は思い入れがあるので、着づらくてもなかなか手放せないことが多いです。

使用頻度の高いモノは取り出しやすい場所に収納するのがいいのですが、「出しっぱなし」という方法もおすすめです。出しっぱなしというと一見、片づいていないイメージがあります。でも、しまい込むと忘れられて死蔵品になってしまうのです。出しっぱなしにすることで自分の持っているモノがわかり、使いたいときにすぐ使えます。その結果、本当に使うモノしか家にないという理想形になるのです。

使用頻度の決め方の基準

高齢者の使用頻度は「毎日使う」「年1回」「それ以外」の3つに分けて考えるといいでしょう。モノの一例も挙げました。

使用頻度1 毎日使う

- 老眼鏡
- 部屋着
- 湯飲み
- ご飯茶碗＋お椀＋箸セット
- 化粧水、乳液
- ヘアブラシ
- 薬
- 携帯電話

など

使用頻度2 1、3以外

- お出かけ着
- 帽子
- バッグ
- 杖（外出用）
- 傘
- 来客用食器（お茶セット）
- 化粧品のストック
- 長靴

など

使用頻度3 年1回（季節モノ）

- 重箱
- おとそセット
- 百人一首、かるた
- お雛様
- ゆかた
- お盆ちょうちん
- クリスマス用品
- 冠婚葬祭小物

など

8

〝グルーピング〟ですぐ出せてすぐ使える

悩みポイント

必要な道具やモノが、あちこちに散らばって生活しにくく感じる……。

一緒の作業に使うモノをまとめてグループ分けする

グルーピング後は**決めたグループに戻す**

グループを崩さないようにする

同じ作業をするときに使う道具をまとめておくニャン

家の中のモノだけに限らず、緊急時の「入院セット」などを作っておけば、慌てずにすみます。防災用品なども。

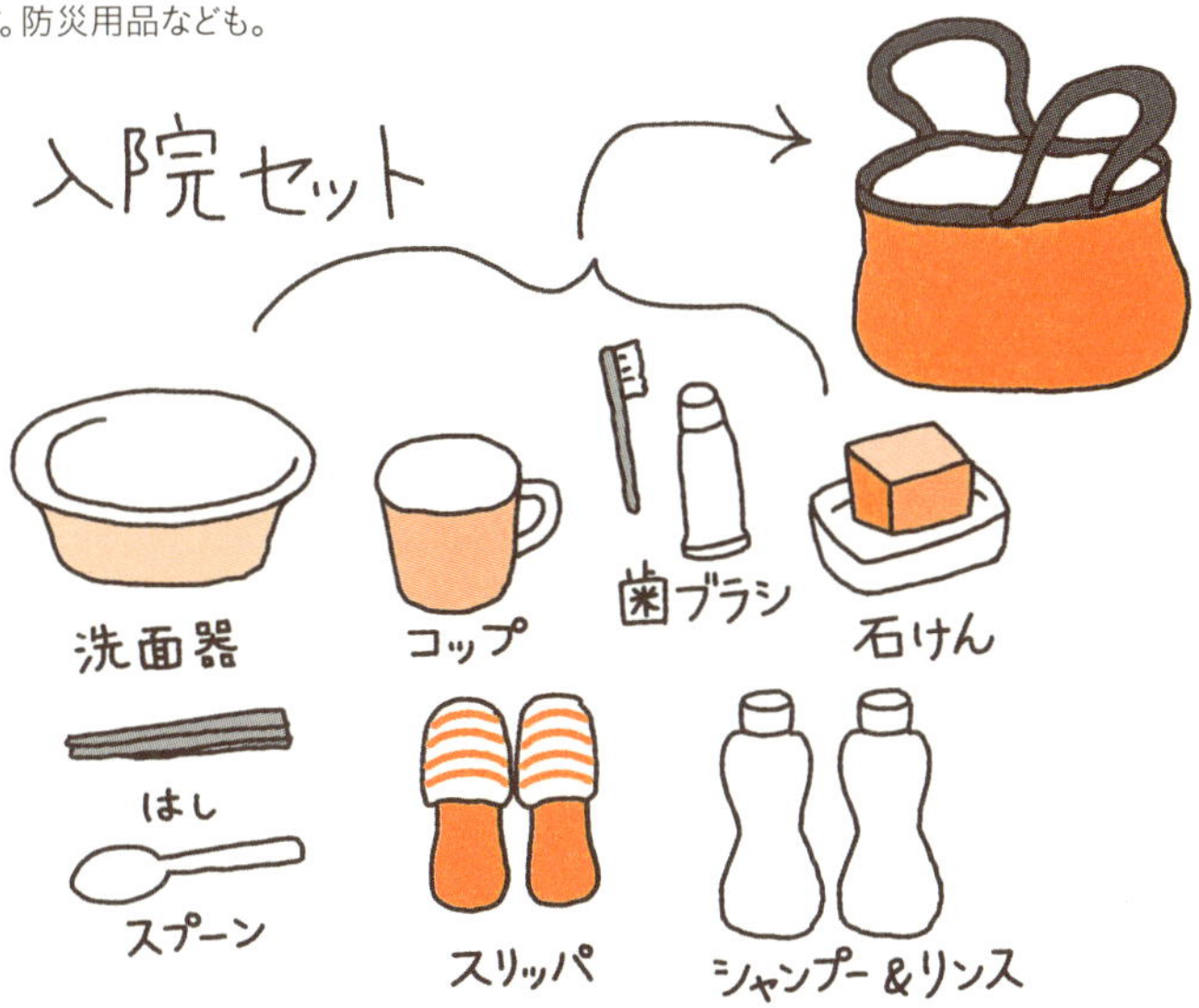
入院セット
洗面器
コップ
歯ブラシ
石けん
はし
スプーン
スリッパ
シャンプー&リンス

手紙を書くときには便箋、封筒、ペン、辞書などが必要です。このようにひとつの作業をするときに使うモノをひとつにまとめておくことを〝グルーピング〟と言います。

　グルーピングをしたら、まとめてカゴに入れておきます。出しっぱなしにならず、散らかることもありません。

　ほかには高齢の親がデイサービスに持っていくセット、緊急時に慌てないために入院セットなどもおすすめです。これらは専用のバッグに入れて、すぐ出かけられるように準備しておきましょう。さらにはアイロンがけするときに必要なアイロンセット、靴磨きセット、荷造りセット、掃除セット、来客用のお茶セットなど、さまざまなモノがグループ分けできます。なかでも来客用のお茶セットは、相手が手伝うと申し出てくれた場合は、そのカゴを渡すだけなので、手伝ってもらいやすくなるというメリットも。

グルーピングと言うと難しいと思われるかもしれませんが、実は普段の生活で知らず知らずのうちにやっているのです。メイクをするときにメイク道具は同じ場所にまとめてあるはず。化粧水は鏡台でファンデーションが洗面台ということはないと思います。これも立派なグルーピングのひとつ。

そして大切なのは、グループ分けしたら、このグループを崩さないようにすることです。荷造りをしているときにハサミがないからといって、別のグループのハサミを持ってきて使うのはNG。別のグループのハサミを違うグループの作業に使うと、最後にはどこに

行ったのかわからなくなることが多いからです。それを防ぐために、ひとつのグループにひとつのハサミを入れておきましょう。

グルーピングすると同じ道具が増える場合もあります。先ほどのハサミ。どの家でも数本はあり、そのうちの何本かは使っていないこともあるでしょう。こうした眠っているハサミを有効活用します。わざわざ新たに買う必要はありません。ただ、前述したように同じ道具を別の用途で使い回ししないこと。これはグループを崩さないためには、とても大切なルールなのです。そのグループの中の道具を使って、またそのグループに戻すことで管理もしやすくなります。その結果、探す手間が省けて時間を無駄にすることもありませんし、家の中もすっきり片づきます。

おすすめのグルーピング

目的に合わせて、モノをまとめておきます。
高齢者におすすめのグルーピング例です。
参考にしてみてください。

通院セット

- 診察券
- 介護保険証明書
- 高齢者医療証明書

など

入浴セット

- シャンプー、リンス
- 石けん（ボディソープ）
- タオル

など

衣類（通院用）

- 聴診器をあてるときにめくりやすい上着
- 採血のときに腕をめくりやすい上着

など

来客用セット

- お客様用のカップ
- コースター
- お皿（かごにひとまとめにして）

など

テーブルの上に置くモノセット

- メガネ
- メモ用紙
- ペン
- ハサミ

など

9

モノの置き場所"住所"を決める

悩みポイント

グルーピングしたモノの置き場所は何を基準に決めるといいのか？

グループ分けしたら
その**モノたちの住所を決める**

収納用品にも棚にも
ラベルを貼ってわかりやすくする

使ったら、その住所に戻せば
探す手間も省ける！

モノの置き場所はそのモノの住所を決めることニャン！

グルーピングしたら、よく使うところに置いて、そこを定位置にし、モノを使ったら箱に戻します。

グルーピングしたら、収納用品にまとめますが、中に入っているモノがひと目でわかるカゴや透明の入れ物がおすすめです。その後、住所＝定位置を決めます。

高齢の親がよく使う診察券などを入れたカゴの置き場所は、本人たちに決めてもらったほうがいいです。もし、置き場所を本人が決められない場合は、取りやすい位置に置きましょう。病院に行くときやヘルパーさんが来たときなどに定位置から取り出してもらい、使い終わったら元の住所に戻すだけ。探す時間も片づける時間も省けてストレスフリー。また、メガネやメモ用紙、ペン、ハサミなど、毎日使うモノはひとつの箱に入れて、必要なときにすぐ使えるようテーブルの上に置くのもおすすめです。気をつけたいのが、ほかの場所が空いていたからといって、そこに戻すのはタブー。住所を決めた意味がなくなってしまい、全部が崩れ、わからなくなるなんてことにもなりかねません。

そして、定位置を決めたら、カゴや棚にラベルを貼ります。ラベルは何が入っているのかひと目でわかるようにするための表札みたいなものです。このときも、置き場所同様、親が、自分で決めた言葉で書くほうがよりわかりやすくなります。この場合、極端に言えば親だけがわかる言葉でもよいので、何を書くのか聞いて、書いてあげましょう。親自身がわかっていることが大切なのです。どうしても親が書くのが無理なら、言葉だけ決めて子どもが書きましょう。大きな文字で書き、見やすい位置に貼ります。ラベル自体も大きめがいいでしょう。

ふたり暮らしなら、例えば爪切りなど共用するモノもカゴに入れてラベルを貼っておき、使ったら元の場所に戻すと行方不明になりません。特に爪切りのように小さいモノが行方不明になると探すのが大変です。

可能なら、家の中のモノすべてに住所を決めることが理想的なのですが、例えば、この棚の一列は病院やデイサービスに持っていくモノのカゴを置く、この一列には荷造りに使うモノや手紙セット、アイロンセットを置くなど、置き場所や置き方を工夫します。ボールペン1本、電池1個でも戻る場所を決めておくと、急な来客でもさっと片づけられるので慌てることもありませんし、きれいな状態が保たれます。

おすすめのラベリングの仕方

目が悪くなったり、判断が鈍くなったりする高齢者に、やさしくわかりやすいラベリングの方法を紹介します。

黒いラベル

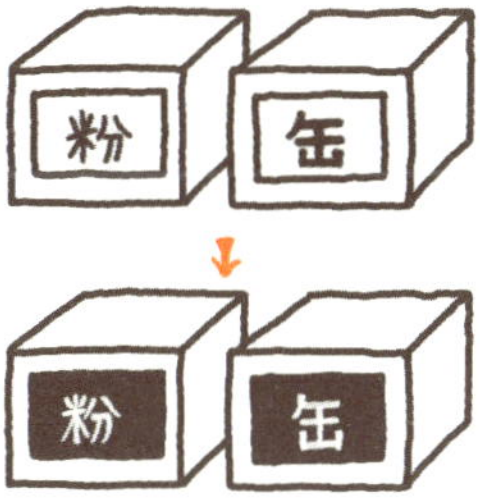

キッチンは暗い場合が多いので、白いラベルよりも、黒いラベルのほうが光が反射せず、高齢者には読みやすいです。

荷札を使って

風呂敷で包んだ場合は、荷札や名札が活躍します。風呂敷の結び目の先に荷札をつけておけば、中身がすぐにわかります。

透明のケース

ラベリングがされている上に、中身が見える透明ケース、もしくはカゴなどは、よりわかりやすくておすすめです。

ゴミ箱に

「燃える」「燃えない」「缶」「ペットボトル」のラベリングがされているとゴミが分別しやすく、たまるのを防ぎます。

10 親と一緒に写真&書類を整理する

悩みポイント

大量にある写真や、細かい書類など、効率よく整理する方法はある？

整理しながら**思い出を共有する**と自然と手放せる

同じ場所で撮った写真は**写りがいい1枚だけ**を取っておく

「思い出写真集」を作ったり**アルバムに入れ替え**たりすると整理できる

思い出話をしながら、楽しく一緒にやるニャン

一緒に思い出話をしながら整理していくと、思い出の共有ができ、自然と手放してくれるようになります。

1枚1枚に思い出がある写真。一度に整理し、手放すことはなかなか難しいものです。そこで、思い出話をしながら、聞きながら、一緒に整理すると、親は楽しかった思い出を共有できたと感じ、徐々に手放してくれるようになります。

手放せないという場合は、「私の思い出写真集」として1冊のアルバムにまとめたり、AのアルバムからBのアルバムに入れ替えるだけでも整理できます。最近ではデータ化して保存するケースも多いです。

整理するために先にアルバムを買うのではなく、写真をセレクトしてからにします。写真を整理したら、購入したアルバムがいらなくなったという笑い話も。これは収納用品を買うときも同じ考え方です。

11

ヘルパーさん用の収納を作る

悩みポイント

ヘルパーさんに、あちこちの引き出しを開けずにモノを探してもらうには？

ヘルパーさんが開けてもいい引き出しやタンスを作る

洋服やタオル、下着など**ひとまとめにして収納**する

ヘルパーさんが**時間内で****やるべきことができる**環境作りを

ここを開ければOK！という引き出しを作っておくニャン

ヘルパーさんがあけてもいい引き出しやタンスを決めておきましょう。お互いにストレスがなくなります。

ヘルパーさんが訪問したときに、「○○はどこにありますか?」などと聞かれることがあります。そのとき、引き出しやタンスをあちこち開けて探されることは、あまり気持ちのいいことではありません。それはヘルパーさん側も同じこと。あちこち開けて探すのは時間のムダです。ひどい場合は「モノ盗られ妄想(自分のモノが盗まれたと思ってしまうこと)」のような感情に発展し、お互いイヤな思いをするケースもあります。

そうならないためにヘルパーさんが、「ここだけ開ければ大丈夫!」という場所を作っておきましょう。服など必要なモノをまとめて収納して、それをヘルパーさんに伝えておきます。ヘルパーさんが時間内にやるべきことをやるためにも大切なことです。

12

実家にある自分のモノを見直してみよう

悩みポイント

実家が片づかないのを親のモノのせいにしている人が案外多いが、実は……。

↓

実家にある**自分のモノを**
見直してみる

↓

自分のモノを片づけると
自然に親も片づけるようになる

↓

親は子どものモノが
ジャマでも手が出せない

実家にある自分のモノを見直し、まずはそれから片づけましょう。親の片づけスイッチも入ります。

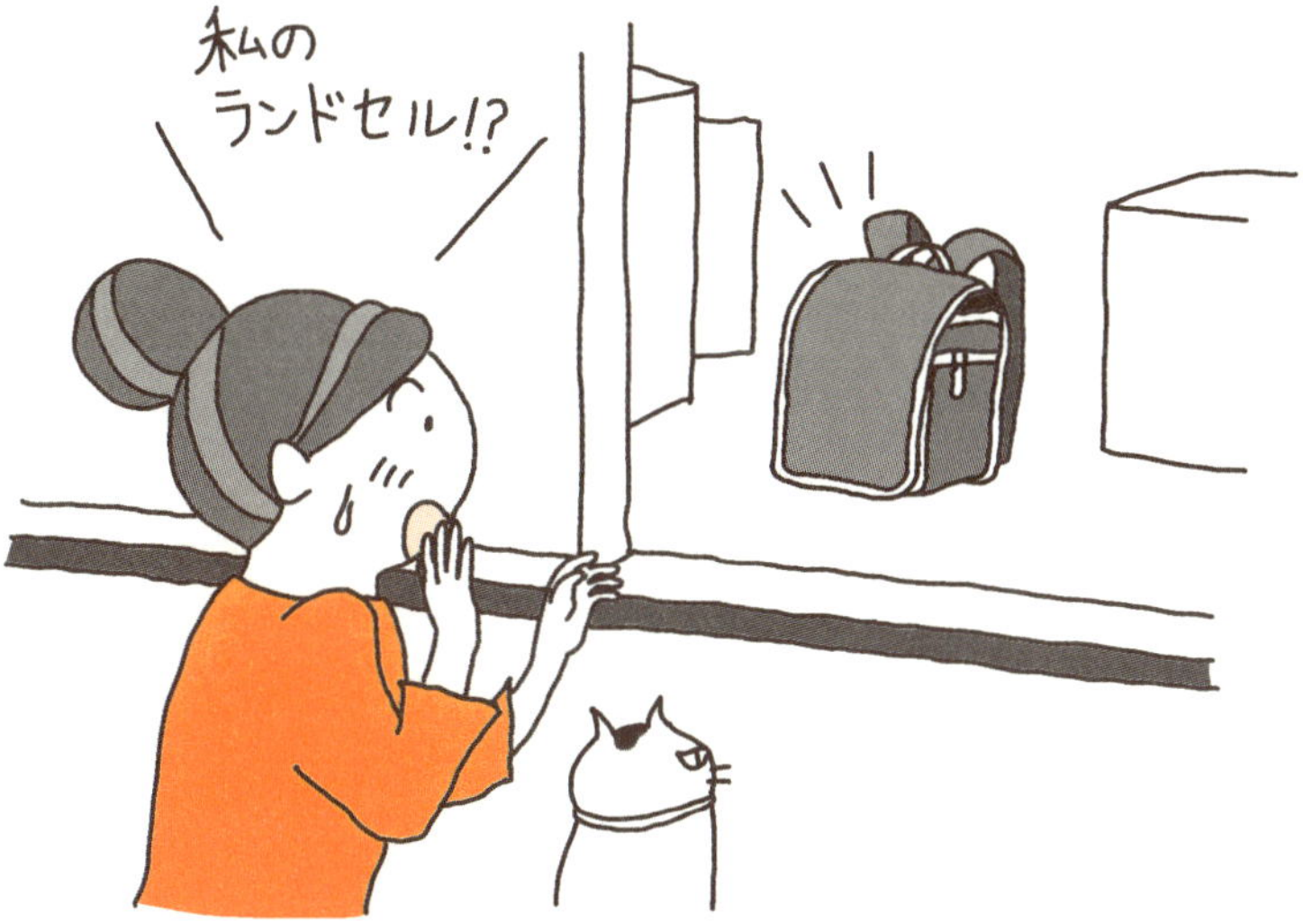

現在、自分は実家に住んでいないから、実家が片づかないのは親のモノのせいだと思っている人が案外と多いのです。でも、実は子どものモノが多く、片づかないというケースが多々あります。

親は子どものモノが目につく場所にあると、それがストレスになって片づける気力が出ないなんてことも。子どもは「なんで親は片づけてくれないんだろう」と思っていますが、親は「あなたのモノがあるからよ」ということになるのです。子どもが親に「自分のモノは全部捨ててくれていいから」と言っても、親は子どものモノは捨てられないのです。

実家を片づけたいなら、まずは実家にある自分のモノを引き上げましょう。すると親は自然と片づけてくれるようになります。

13

自分が不要なモノを実家に送らない！

悩みポイント

自分がいらなくなったからといって、実家にモノを送りつけたりしていないか？

自分がいらなくなったモノを実家に送らない

↓

自分のモノは自分で片づけるという気持ちを持つ

↓

子どもの荷物が送られてくると親はそれだけでストレス

↓

子どもの荷物が突然送られてくると、親はストレスに感じ、片づける気持ちがますます萎えてしまう場合も。

家にモノを置く場所がない、自分がいらなくなった、などの理由から子どもが荷物を送ってくることで実家が片づかないケースが意外と多いのです。そこに気づかず、「実家が片づかない」と嘆くのはちょっとお門違い。
例えば、ひとり暮らしを始めるときに実家から持ってきたレコード。もう聴かないけれど手放せずに実家に送ってしまい、その結果、実家が片づかない、などということもあります。ほかにも、大量の本が送られてきて床がダメになり、実家を建て替えたというケースもあるのです。
子どもが必要のないモノは、親にとってはもっと不要なモノですが、勝手に処分することはできません。それに気づき、実家に荷物は送らないことです。

14

意外に苦労するのが“父のモノ”

悩みポイント

頑固な父親を片づけモードにうまく持っていくにはどうすればいい？

↓

父親のプライドを傷つけないよう**ほめ殺し**をしながら片づけを促す

↓

父親がふだん使っている場所や周囲を片づけてみる

↓

子どもが母親と一緒に片づけると**父親も片づけ始める**

お父さんのモノを片づけるのはコツがいるニャン

ゴルフセットやゴルフコンペなどで取ったトロフィーなど、大きくて重たいモノが多いのも特徴です。

父親に対して頭ごなしに、「片づけて」と言うのはタブー。なぜなら、一般的に父親は母親に比べてプライドが高く、威厳を保ちたい人が多いからです。プライドを傷つけず、ほめながら片づけるように促すのがコツ。

例えば、「片づけたぞ。きれいになっただろ」と言われたら、「ありがとう、助かるわ。片づけ上手ね」などとほめましょう。父親の片づけスイッチがオンになります。また、父親がふだん使っている場所や周りを片づけるのもポイント。さらに、娘と母親とで共用部分や母親の部屋を片づけ始めると、競争意識が働くのか、父親が片づけるケースがあります。片づけのいい連鎖を作るのもひとつの方法です。ちなみに、ほめ殺し作戦は、母親にはあまり通用しません。

15

退院する親のための部屋作り①

悩みポイント

親がケガや病気で２階での生活が難しいときはどうすればいい？

生活の場を１階に移して
家の中での**移動距離を短くする**

ベッドを置くスペースを作るから
１階のモノを**整理するチャンス**

階段から転げ落ちるといった
心配がなくなる

衣食住を１階でできるようになるといいニャン

2階の寝室を1階に移動して生活の拠点を1階にすると、トイレやお風呂への移動距離も短くなります。

高齢の親は退院後、心臓が弱くなって動くとドキドキしてしまったり、トイレに行きたいのにすぐ動けないなど、特に階段の上り下りが難しくなります。今まで寝室が2階にあった場合は1階へ移し、衣食住を1階でできるようにします。ベッドを置くスペースが必要になるので、1階の不要なモノを整理するチャンスでもあるのです。

あるお宅で、ほとんど使っていない応接間を親の寝室にし、重厚感のあるカーテンをリラックスできる柄や素材のものに替えたケースがあります。

生活の場を1階に移すことで食事やトイレ、お風呂への移動距離が短くなり、親自身もラクですし、何より、階段から転げ落ちたりといった事故を防ぐので、心配が減ります。

16

退院する親のための部屋作り②

悩みポイント

退院後、親が着替えや収納をしやすい洋服や下着の片づけ方法は？

着る頻度の高い洋服は吊り下げラックに入れて、**すべて見えるようにする**

洋服や下着は**吊り下げラックに入るだけの分量**が理想的

余計なタンスなどは置かず**着替えやすいスペースを作る**

洋服は吊り下げラックに収納して見やすく、取り出しやすくします。着る頻度の少ないものは引き出しへ。

退院後の親の部屋作りは親の症状によって違ってくるので「これが正解!」というものはありません。退院するときはドクターやソーシャルワーカーさんから退院後の生活についてアドバイスがあります。それを参考に部屋の環境を整えるといいでしょう。

例えば、ふだん着る頻度の高い洋服は吊り下げラックなどに収納して、全部見えるようにするとわかりやすいですし、取り出しやすいです。このとき、ラックに入るだけの量を目安にしましょう。下着は人目につくのがイヤという場合は引き出しへ入れても。

吊り下げラックに入れると、余計なタンスなどを置かずにすむので、その分部屋もすっきり! 無理なく着替えられるスペースも作れます。

17

遠方の親の家の片づけはどうする？

悩みポイント

遠く離れて住んでいる親の家を片づけるのは、物理的、経済的にもひと苦労だが。

親が住んでいる地域の福祉サービスなどを上手に利用する

自分だけで抱え込まずに**兄弟姉妹や親族**としっかり連携する

親と暮らしている身内に**感謝とねぎらいの言葉**を忘れない

自分だけでやろうと思っても無理。頼ってもいい！

自分ひとりで抱え込まずに、
地域のサービスや兄弟姉妹、
親族と連携すると片づけも
スムーズにできます。

親が遠方に住んでいる場合、頻繁に帰郷するのはなかなか難しいものです。ひとりで抱え込まずに、親が住んでいる地域の福祉サービスなどを利用しながら、兄弟姉妹、親族と上手に連携を図るようにします。

また、現代は情報化社会とはいえ、地方に届いていない情報もあるので、「○○をしてみたら？」「こんな方法もあるよ」など、役立つ情報を提供するのも大切なことです。

都市部に比べ、地方は家も大きく、荷物を置けるスペースがあるため、地元に残っている兄弟姉妹と都市部にいる兄弟姉妹とでは親のモノの片づけに温度差があります。相手に感謝してねぎらうことで、片づけもうまくいくのです。また、近所の人が様子を見に来てくれることで片づける気持ちにも。

18

ひとり暮らしの親を呼び寄せる部屋作り

悩みポイント

ひとり暮らしの親を呼び寄せる場合、どんなことに気をつければいい？

なるべく**トイレに近い部屋**を用意する

親の身体の状態によって**寝室を考える**

親はなかなか**本音が言えない**と心得る

親を見守れる場所を作ること、これ大切！

親の部屋を用意するときは、なるべくトイレに近いところが理想。でも、家族できちんと話し合って決めて。

WC
リビング
キッチン
5畳
5畳
6畳
トイレの近くがいいよな
ここをお母さんの部屋にする？

ひとり暮らしをしている高齢の親、地方の親を呼び寄せる場合、「部屋数が限られているし……」「トイレに近いほうがいいのかな」と、あれこれと考えていると準備がなかなか進まないことも。でも、トイレ以外にも考えることはいろいろ。

例えば、子どもが日常生活の中で親を見守れる場所を作る、自分の寝室も親の寝室に近いところにするなどです。また、子どもが親の寝室に布団を敷いて一緒に寝るケースもあります。特に、親は子どものところで世話になるということで肩身の狭い思いをしている場合が多く、なかなか本音を言えないこともあるので、その気持ちを汲み取ることも大切です。迎えるほうも大変ですが、まずは親の気持ちを考えて準備しましょう。

19

施設に持っていく荷物の準備はどうする？

悩みポイント

施設に入所するときに、持って行く荷物の目安を教えてほしい。

旅行に行くぐらいの荷物の量にしてコンパクトにまとめる

春物をメインに**季節の服を少量**用意すれば大丈夫！

「手放せない」「迷って決められない」ときは**レンタルボックスを利用**してみる

スペースが
限られているから、
荷物は厳選して

施設内は一年中、過ごしやすい室温。洋服は旅行に行くぐらいが目安。ほかのモノも優先順位をつけて。

施設に入ることになった場合、親があれもこれも持っていきたい気持ちはわかりますが、施設は荷物を置くスペースに限りがあります。それに施設内は一年中、寒くもなく、暑くもない快適な温度に保たれているので、衣替えの必要がありません。それでも心配というときは、春物を中心に季節の服は少量持っていくといいでしょう。荷物は旅行に行くぐらいの分量が目安です。

洋服以外は自分の持っていきたいモノの優先順位を決めるのがポイント。でも、「手放せない」「置いておくスペースがない」といった場合、レンタルボックスを利用するのもひとつの方法です。必要なときに出し入れができますし、そのうち本当に必要なモノとそうでないモノがわかります。

COLUMN ❷

片づけヘルパーQ&A②

片づけたい気持ちはあるのに、「どこから手をつけていいのかわからない」「実家のモノをどうにかしたい」と悩んでいる人に片づけヘルパーがお答えします。

Q1

片づけに興味が出てきて、実家を一気に片づけたいと思っています。どのように片づけたらいいでしょうか？

A1

一気に片づけたい理由にもよりますが、緊急事態でない限り、少しずつコツコツと片づけるようにしましょう。長年かけて散らかってきたと思いますので、片づけもコツコツです。一気にやるとリバウンドします。

Q2

お雛様や五月人形、ぬいぐるみなどを手放したいのですが、どのような方法がありますでしょうか？供養をしたほうがいいですか？

A2

顔がある人形などを手放すときは心が痛みますね。ゴミとして出すのは気がひけるでしょう。おたきあげや人形供養、寄付、リサイクル業者にお願いするなどの方法があります。あなたご自身が、どのような形でお別れしたいか、それがいちばん大切なので、そこを基準に考えてみてはいかがでしょうか。

Q3

片づけたいのですが、まずどこから手をつければいいのかわかりません。ちなみにどの部屋も同じくらいの散らかり方です。

A3

キッチンから始めるのがおすすめです。というのもキッチンは使うモノと使わないモノがはっきりしているからです。食器や道具をたくさん持っていても、ふだん使うのはごく一部のモノです。「あると便利だな」と思って買ったモノでも、意外に使い勝手が悪かったりすると結局使わないことに。こうしたモノから手放しましょう。

Q4

モノが捨てられません。どうしたら、思いきって捨てられますか？　捨てたら片づくって言うので、とにかくモノを減らさなければと思っています。

A4

「モノを減らせば片づく」というのは確かにそうなのですが、片づける＝捨てるではありませんし、捨てるモノを探すことでもありません。
まず、部屋のモノを使いやすくするために片づけてみましょう。例えば、今使うモノ、この場所にあったら使いやすいモノ、この場所でなくてもいいモノをとりあえず違う場所に移します。これら3つのカテゴリーに入らないモノ、すなわち置き場所が決まらないモノが出てきたら、それは不要なモノかもしれません。
また、手放す以外にあげたり、売ったりするという方法もあります。モノを捨てられないからといって心配したり、思いきりが悪いと考えなくても大丈夫ですよ。

Q5 収納家具、収納用品を買いたいと思います。おすすめがあれば教えてください。

A5

家具や収納用品を買う前に今、ご自分で持っている洋服の数や種類をしっかりと把握してください。ハンガーにかける洋服、引き出しにしまう洋服の数がわかったら、それに合う大きさの家具、収納用品を買いましょう。先に買ってしまうと小さかったり、もしくは、入らなかったりすることがあるからです。

Q6 保存のきく缶詰や乾物、インスタント食品をわかりやすく収納する方法はありますか?

A6

缶詰、乾物、インスタント食品、レトルト食品、ペットボトルなどアイテム別に分け、それぞれをカゴに入れてラベルを貼ります。収納場所は使う頻度が高い食品を使いやすい位置に。賞味期限が迫っている食品を入れるカゴを作り、その食品から使っていくとロスも出ません。

Q7 実家の母がタオルを大量に持っています。使い古したものまで大事に取ってあるので、困っています。どうすればいいでしょうか?

A7

かつては挨拶や粗品、お中元、お歳暮などでタオルをもらう機会がありました。使い古したタオルは雑巾として積極的に利用してもらいましょう。タオルは手のひらサイズにカットして、空き箱などに入れて使い捨ての雑巾にします。キッチンやサッシの掃除などに使えてとても便利です。

PART 3

介護が必要になったときの片づけのコツ

実家で暮らす父親や母親に介護が必要になった場合、それまでの整理収納のやり方では不便が生じます。片麻痺、心疾患、認知症、車イス生活、寝たきりなど、それぞれの症状や状態に合わせて、より快適で暮らしやすい片づけ方を紹介します。片づけがうまくいけば、症状が軽くなったり、改善するといううれしい効果もみられます。

1 脳疾患で片麻痺になってしまったら

悩みポイント

親が脳疾患のために、身体の左右どちらかの自由がきかなくなったときは？

片手でもモノを取り出せるように家具の配置・収納にする

立ち上がるときに自分の身体を支えられるようにひじ掛けイスにする

動くスペースを短くして、なるべく身体に負担がかからないようにする

家具は使いやすいモノにし、
配置も考えるニャン

身体の左右どちらかしか自由がきかなくなったら、イスはひじ掛けのあるものにすれば自力で立ち上がれます。

○
×
ひじ掛け付きの立ちあがりやすいイス

身体のどちらかしか自由がきかなくなってもひとり暮らしをしていることが多く、家族やヘルパーさんの協力が不可欠です。

家具の配置や収納用品、元気な頃と同じというわけにはいきません。例えば、タンスは片手でもモノを取り出しやすいように配置する、引き出しは片手でも引ける軽いモノにする、イスはひじ掛けのあるものにして立ち上がりやすくするなど。

ほかにも、食器は軽い素材のモノが使いやすく、今まで使っていた重たい食器を手放すことになるでしょう。

キッチンが広いお宅では、電子レンジを食卓のすぐ近くに持ってきて、食べ物を温めに行く移動距離を短くするなど、片麻痺の方にとっては大きな工夫です。

2

認知症になったときの片づけ①

悩みポイント

認知症になってしまった親と片づけはできない？　片づける方法は？

「認知症だからわからない」という**フィルターをかけない**

親がデイサービスに行っている間に**勝手に片づけない**

タンスやベッドなど大きなモノを**勝手に動かさない**

タンスやベッドを
動かすときは気をつけて！

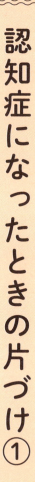

タンスやベッドなどの大きなモノは勝手に移動しないで、かならず親の同意を得てからにしましょう。

「認知症だからわからない」というフィルターを取り払いましょう。認知症の進み具合にもよりますが、片づけるタイミングが重要。

例えば、親がデイサービスに行っている間に勝手に片づけると、帰ってきたときに混乱してしまうことも。特にタンスやベッドなどの大きなモノは、部屋の印象が大きく変わってしまうので、親の同意を得ずに動かすのは禁物。なかでも、ベッドの移動は注意が必要。というのも、天井板に模様のようなものがちょこんとついていることがありますが、寝て天井を見上げたときに、その模様がいつも同じ位置にあると安心する、というようなケースがあるのです。でも、子どもにはそんな小さなことはわからず、勝手に動かしがち。気をつけたいことのひとつです。

3

認知症になったときの片づけ②

悩みポイント

認知症になってしまった親と、もめないで細かいモノを片づけていくには？

↓

アイコンタクトを取りながら
かならず**同じモノを一緒に**片づける

↓

大切なモノや思い出、こだわりを
きちんと**聞いて寄り添い、親の世界に入る**

↓

大切なモノがわかったら
身近に置いてあげる

根気がいるけど
お母さんは
きっとうれしい
3

親の話を聞きながら、一緒に片づけを。親は気持ちを聞いてもらえたと思い、自分から手放します。

これも認知症の進み具合によりますが、洋服や写真の片づけなども、親と一緒に同じモノをアイコンタクトを取りながら片づけるようにします。

例えば、親が「この洋服、ちょっときついのよね」と言ったら、「そうなの？　じゃ、いらないのね」と、かならず確認を取ることが大切です。

そして、「なぜ、親はこれを手放せないのか」という、その気持ちを聞いて寄り添い、理解して親の世界に入ることです。すると自分の話をきちんと聞いてくれたということ、思い出が共有できたということで納得がいき、モノへの執着もだんだん薄れていきます。その結果、思いのほかすんなりと手放してくれるケースもたくさんあります。

4

認知症になったときの片づけ③

悩みポイント

たくさんストックがあるのに同じモノを買ってきちゃう場合、どうすればいい？

同じモノを大量に買ってきても**むげにしない！　怒らない！**

↓

話を聞いて、心に寄り添い**親の行動を認める**

↓

身固めするのは**「寂しいから」**だと心得よう！

「まだあるのに」は
怒られたと
思ってしまうニャン

同じものをたくさん買ってきても、「まだここにあるよ」とやさしく言えば、納得もすることも。辛抱強く対応を。

認知症になると、同じモノを大量に買ってきてしまうことが多々あります。そんなとき、「まだあるのに」とか「なんで買ってきたの」など、責めるような口調になりがちですが、それでは何の解決にもなりません。むしろ「怒られた」というマイナスの感情だけが残ってしまうことも。親の心に寄り添い、話を聞くことが大事なのです。そしてその後に、「まだ、ここにあるのよ」とやさしく言って、見えるところに並べてあげるとわかりやすいでしょう。認知症に限らず、高齢者はモノで身固めをする傾向にありますが、それは寂しさからくることが多いのです。話をきちんと聞くことで「認めてもらえた、うれしい！」という感情がわき、こちらの言うことも素直に聞いてくれるようになります。

5

薬の飲み忘れ防止にはお薬カレンダーや専用箱

悩みポイント

薬の飲み忘れを防ぐには、どういう工夫をしてあげればいいのか？

↓ **お薬カレンダーや飲み薬専用の箱**を作って、飲む時間などを書いておく

↓ 薬箱の横に**日付けが出る時計**を置いておく

↓ 主治医に**薬を「一包化」**してもらう

お薬カレンダーや
言葉がけで
飲み忘れが減るよ

飲まなければならない薬は箱などに入れて、飲む時間などを明記しておきます。ひらがなで読みやすく。

ヘルパーさんが来る場合は、お水と一緒に薬を用意してくれることもありますが、自分で飲むことがほとんど。薬専用の箱やお薬カレンダーを作って、そこに飲む時間などを書くなど、わかりやすくするといいでしょう。薬箱はテーブルの上に置きますが、このとき、常に視界に入る場所に置くことがポイント。そばに日付けが出るデジタル時計も置いておきましょう。また、近くにゴミ箱を置いておくと、服用後に出るゴミがすぐに捨てられるうえに、服用したかどうかわからなくなったとき、そのゴミを見れば服用したことが確認できます。ほかにも主治医に薬を「一包化」してもらうと飲み忘れが防止できます。一包化とは同じ時間に服用する薬をすべてひとつの袋にまとめることです。

6

心疾患の場合は、上下の動きを減らす

悩みポイント

心臓の病気になってしまったら、身の回りをどうすれば負担が減り、暮らしやすい？

よく使うモノなどは**上段から取りやすい位置に**移動する

階段の上り下りや重たいモノを持つのはできるだけ**避ける**

しゃがんだり、立ったりの**縦の動作**をなるべく**短くする**

心臓に負担をかけない工夫をするのが大切！

重たいモノは棚のいちばん取りやすい位置に移動、上げ下げの距離を短くして心臓への負担を軽くします。

階段の上り下りや重たいモノを持ったり、床や畳に座ったところから立ったり、布団で寝ているところから起き上がるなど、縦の動作が長いと心臓に負担がかかります。

心疾患を患ったらなおさらのこと、こうした動作を控えることが賢明です。階段の上り下りをしなくてすむようにする、よく読む本や使うモノは、棚の上段から取りやすい位置に移動する、ちゃぶ台で食事をしているならテーブルとイスに、布団で寝ているならベッドにするなどです。

そして、縦の動きもさることながら、家の中での移動距離もなるべく短くなるような工夫を。退院してくる親の部屋作りのページ（P90）でも紹介したように、衣食住を1階でできるようにするといいでしょう。

7

手すりはまずはレンタルで試してみよう

悩みポイント

介護用品で必要になる手すり。買ってもいいけれど、レンタルもあると聞くが……。

↓

いきなり買うのでなくまず**レンタルで試してみる**

↓

手すりをつける**周辺はきちんと片づける**

↓

日ごろ、**親が使っている手すり**がどれかを**観察してみる**

まずはお試しで。しっかり観察してから考えるニャン

手すりはまずはレンタルで。たとえ数センチでも位置を動かすときはレンタル業者に頼んで。外れると危険。

片づけが必要なのは、手すりをつけるときにも痛感するかもしれません。部屋が片づいていないと手すりはつけられません。つける周辺だけでも片づけましょう。手すりは一度つけてしまうとなかなか取り外しができません。「ここに絶対に必要!」という場所でない限り、まずはレンタルで試してみるのがおすすめ。なぜなら、回復具合や身体の状態によっても必要な位置が徐々に変わってくるからです。とりあえず、あちこちにつけて試したところ、「ここの手すりは使っていないからいらないね」というケースもあります。日ごろ、親がどこの手すりを使っているのか、しっかりと観察することが大切。また、「2センチ右にずらしたい」という場合でも、かならずレンタル業者にお願いを。

8

介護ベッドの四辺はモノを置かない

悩みポイント

介護ベッドに替えた場合、ベッド周辺の片づけで気をつけたほうがいいことは？

まず、ベッドを置く位置の**周囲をきれいに片づける**

↓

タンスの引き出しを引けるスペースを作る

↓

ベッドの**四辺を空ける**のが理想。

↓

無理なら、**両サイドは空ける**

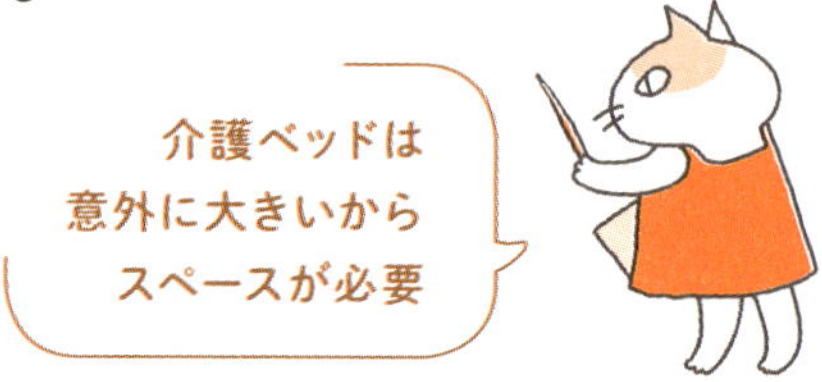
介護ベッドは
意外に大きいから
スペースが必要

今まで布団で寝ていた場合、介護ベッドになると、敷布団が不要に。思いきって「さよなら」する機会です。

介護ベッドは思っているよりも大きく、まずはベッドを置くスペースを作らなくてはなりません。可能であればベッドは部屋の真ん中に置いて四辺を空けておくのが理想です。もし寝たきりになった場合、四辺が空いているほうがオムツ交換などヘルパーさんが介護しやすいからです。寝たきりでなくても、せめてベッドの両サイドは人がひとり入れるようなスペースを空けておくのがいいでしょう。特に今まで布団で寝ていた場合、介護ベッドを入れたことで、タンスなどの引き出しが引けなくならないように気をつけなければいけません。介護ベッドを入れるのにタンス三棹処分したケースもあります。介護は突然やってきますから、日ごろからの片づけがとても大切なわけです。

9 介護ベッドの手すりにS字フックでカゴを

悩みポイント

介護ベッドにした場合、散らかりがちな枕元をどうしたらいいか？

ベッドの**手すりにS字フック**を使って**カゴを取りつける**

カゴの中に、**身の回りの必需品**をまとめておくと便利

カゴにペットボトルを入れておけば夜中の水分補給もラクラク

なんでも入れられる
便利なカゴが
近くにあれば安心

Ｓ字フックを使った即席収納カゴ。ここに必要なモノを入れておけば、すぐに取れてとても便利！

介護ベッドの周囲や枕元はついついモノを置きっぱなしにし、ゴチャゴチャしがちです。モノはなるべく置かないほうがいいとわかっていても、枕元にティッシュやテレビ、エアコンのリモコン、ペットボトルなどを無造作に置いてしまっている場合も多いのではないでしょうか？　そんなときの秘策がＳ字フックを使った即席収納カゴです。作り方はいたって簡単。ベッドの手すりにＳ字フックをふたつかけ、カゴをＳ字フックで吊るすだけ。そこにティッシュやリモコンを入れておけばＯＫ。特に夏はペットボトルを入れておくと夜中の水分補給ができるので安心。これは夫が入院していたときに思いついた方法で看護師さんから絶賛。以来、あちこちで実践して好評を得ています。

10

車イスの通り道を作る

悩みポイント

車イス生活になった！　家の中でも移動しやすくするにはどう片づければいい？

↓

車イスがスムーズに移動できるよう**床にモノを置かない**

↓

家の中で使う**車イスは小回りがきくほうがいい**場合も

↓

レンタル手すりなら車イス生活になっても移動や**取り外しができる**

レンタル手すりは
車イス生活も
見越して、ね！

洋服は、自走式、介助式にかかわらず車イスでスムーズに取り出せるパイプハンガーに吊るします。

車イスで生活する場合、車イスが通れる、方向転換できるスペースを確保する必要があります。もちろん、車イスのサイズによって確保するスペースは異なりますが、それでもある程度のスペースは必要です。

それには、まず床に置いてあるモノを片づけること。床にモノが置いてあれば、当然、進行の妨げになりますし、危険なことは言うまでもありません。

いきなり車イス生活になってしまうという人もいますが、杖の生活から車イス生活になる場合もあります。このときにちょっと困るのが杖生活のときにつけた手すり。これがジャマになって車イスがスムーズに通れないなんてことも……。だから、移動や取り外しができるレンタル手すりは便利です。

11 思いきってワンルーム仕様にしてみる

悩みポイント

介護が必要になって、ひとりではすぐに移動できない、ままならないという場合。

キッチンやトイレも近いので**移動がラク**にできる

庭や外の風景が見えて**季節の移ろいを感じられる**

部屋の固定観念を捨てて**リビングが寝室でもいい**と思う

寝室といっても、ベッドをリビングキッチンに移動させるということ。ワンルームの感覚で使います。

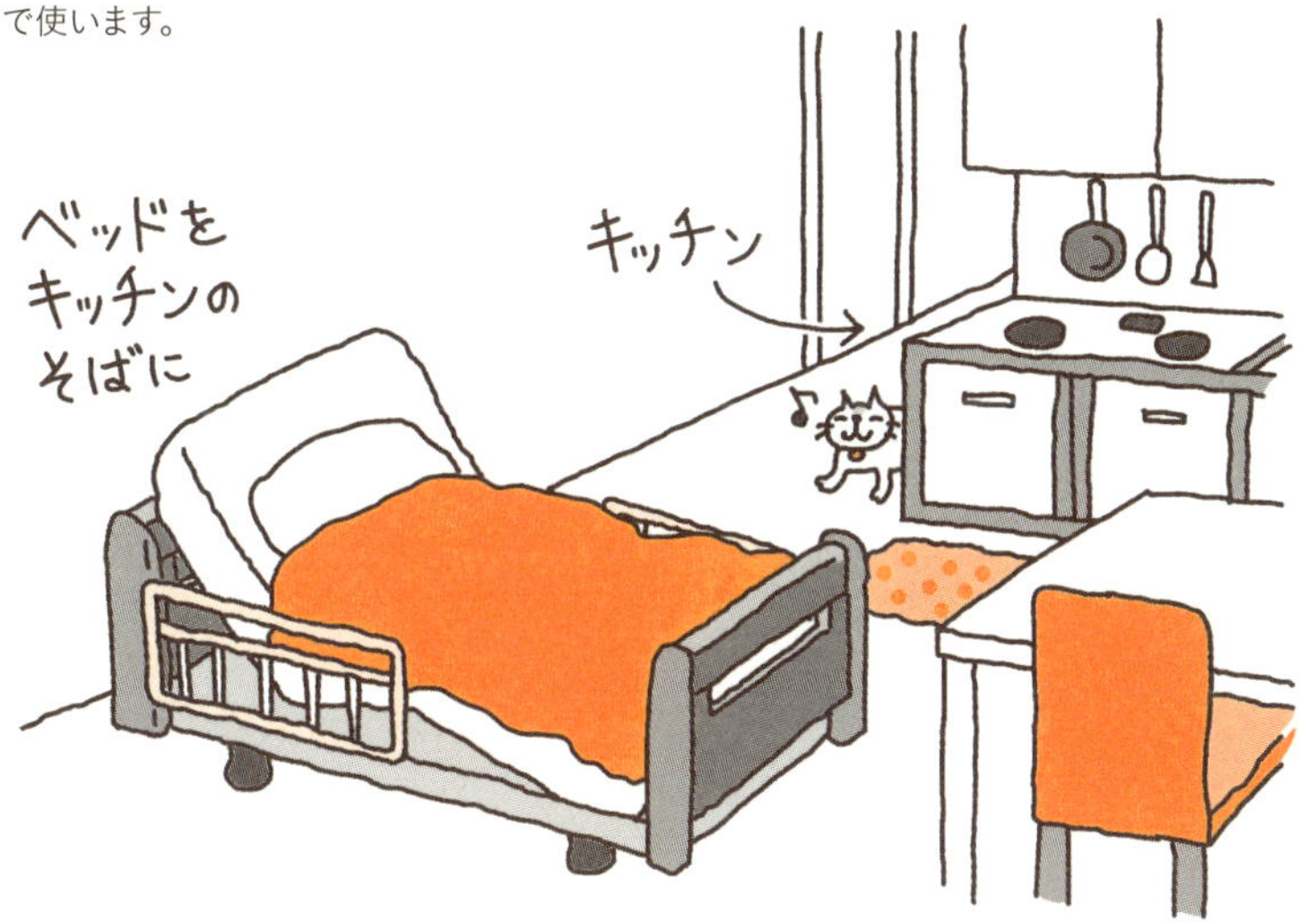
ベッドを
キッチンの
そばに
キッチン

寝室用の部屋は寝室にというように、役目に沿って部屋を決めていたと思います。でも、介護が必要になったり、自分ひとりではすぐに移動できない、ままならないという場合は、リビングキッチンを寝室にする！ということも考えてみてください。リビングキッチンにベッドがあると、キッチンやトイレへの移動距離が短くてすみます。さらには、一戸建てなら庭が見えることもありますし、マンションも外の風景が見え、寝たきりであっても季節の移ろいを感じられます。

あるお宅で寝たきりのご主人のためにベッドをリビングキッチンに移したところ、奥さんが料理を作りながらご主人のことを見守ることができたと好評でした。そしてこれが、お互いの元気を保つ秘訣にもなったのです。

12

アロマで臭いも解決、片づけもはかどる!

悩みポイント

介護中の臭いに悩んでいる人も多いので、その解決法、アロマの紹介。

部屋の気になる臭いも
アロマでリフレッシュ&快適に

加齢臭がなくなり、
孫たちも祖父母の部屋へ

感情や記憶、自立神経などに
働きかけ、**やる気スイッチがオン!**

アロマのおかげで感覚が敏感になるのだニャン!

介護、片づけするほうも、アロマの香りに癒やされて、落ち着いて介護、片づけにあたることができます。

約束した日にあるお宅の片づけに行くと、「今日はやる気がしない」と言われることがあり、でも、無理に「やりましょうよ」とは言えません。こんなときに「では、アロマの香りで気分をすっきりさせませんか？」と、手のひらに一滴垂らして両手でこすり合わせて香りをかいでもらいます。すると、やる気スイッチが入って、「あれ、今日はいつもよりも動けるわ」というケースもあります。

介護中の親の部屋は独特の不快な臭いがこもりがち。そうなると誰も部屋に入りたがらなくなり、片づけや掃除もおろそかになってさらに汚くなる、ますます臭いもひどくなると負のスパイラルに陥ってしまいます。

そんなときにおすすめなのがアロマ。エッセンシャルオイルの香りが、不快でイヤな臭いや気になる臭いをやわらげます。また、香りは0・2秒で脳に到達し、感情や記憶、自律神経、ホルモンの分泌に働きかけてリラックスさせ、片づいていない部屋にイライラした気持ちも落ち着かせてくれます。さらには、「やる気スイッチ」をオンにしてくれるうれしい効果も期待できます。

不快な臭いが解消されると孫も、「おばあちゃん(おじいちゃん)の部屋いい匂い」と言って入ってきてくれるようにもなります。

約20年前に利用者さんのお宅を訪問したとき、娘さんから「母の部屋が臭いんだけど、どうにかならないでしょうか?」と相談を受けました。ベッドの横に消臭剤が置いてありましたが、部屋の臭いとその消臭剤の臭いでさらに臭くなっていたのです。


私は大好きなアロマでその悩みを解決し、さらに介護にもアロマを取り入れたいと思い、通信教育でアロマの資格を取得し、現在はメディカルアロマの資格も取得して、片づけヘルパーに取り入れています。

片づけヘルパーが現場で使うエッセンシャルオイル(精油)は天然100%のモノを使用しています。

用途に合わせて、エッセンシャルオイルで作る「アロマスプレー」の作り方を左ページに紹介していますので、ぜひ参考にしてみてください。

アロマスプレーの作り方

楽しかったときにかいだ香りをまたかぐと幸せな気持ちになり、好きな香りはやる気をアップさせます。

材料

- スプレー容器…50mℓ入るモノ
- 無水エタノール…5mℓ(小さじ1)
- 好きなエッセンシャルオイル(精油)…5〜10滴
- 精製水…容器の8分目くらい

作り方

1 容器に無水エタノール→エッセンシャルオイルを入れて容器をふって混ぜ合わせる。

2 精製水を入れ、再度容器をふる。

種類

● **片づけスイッチオン**
ペパーミント、オレンジ

● **集中力UP**
ローズマリー、ペパーミント、レモン、ユーカリ、ブラックペパー

● **心を落ち着かせる**
ラベンダー、ティートリー、ペパーミント、メリッサ、サンダルウッド、ユーカリ、フランキンセンス

● **記憶力強化**
ローズマリー、ペパーミント、レモン、ユーカリ、ブラックペパー

● **気分をリフレッシュ**
ベルガモット、ペパーミント、ユーカリ、ローズマリー

● **クローゼット消臭**
ラベンダー、ティートリー、ペパーミント、ゼラニウム、レモングラス、ユーカリ、シダーウッド

● **キッチンの生ごみ、トイレ消臭**
ペパーミント、オレンジ

● **バスマット、玄関マットの消臭**
ティートリー

! 気をつけたいこと

・雑貨屋や100円ショップで売っているアロマオイルはエッセンシャルオイル(精油)とは違うモノです。
・アルコール類はプラスチックを溶かすことがあるので、プラスチックのスプレーボトルを使うときは、アルコール濃度を下げるようにしましょう。
・敏感肌の人は遮光瓶がおすすめです。
・柑橘系の「ベルガモット」「レモン」「グレープフルーツ」のエッセンシャルオイルには「光毒性」があります。これらを肌にスプレーして紫外線を浴びると、シミや肌荒れの原因となるので気をつけましょう。

13

介護や片づけで自分を犠牲にしない！

悩みポイント

「私だけが楽しんでいるみたいで悪い……」と思っているなら、こんな考え方を。

介護の合間に自分の時間を作っても**罪の意識を感じることはない！**

よりよい介護をするためにも大事**自分の好きなことを楽しむ時間**は

名前を書いて手続きするのも介護**寄り添うだけが介護じゃない。**

自分の楽しみに罪の意識を感じることはありません。リフレッシュすれば、また新たな気持ちで頑張れます。

介護しているときは自分の趣味や自由な時間を楽しんではいけないと思っている人が多いのではないでしょうか？　介護はいつ終わるかわからない長期戦のケースが多いもの。だからこそ、自分がリフレッシュできる時間を10分でもいいから持つことが大事なのです。行きすぎた自己犠牲はいずれ行き詰まってしまいますから。自分がリラックスでき、楽しめる時間を作ることで、また新たな気持ちで介護にのぞめます。自分を犠牲にして介護をすると、それは介護されるほうにも敏感に伝わり、それではお互いつらいばかりです。

そして、食事介助やオムツ交換などだけが介護ではありません。書類に名前を書いて手続きするのも立派な介護だということを覚えておいてくださいね。

COLUMN ❸

おひとり様の片づけ

ひとり暮らしの世帯は増えています。
独身で子どものいない高齢者、身寄りのない高齢者の片づけ、
終活のヒントを紹介します。

ひとりで暮らすHさんの片づけがスタート

私が担当しているお客さんの中でも、特にご高齢のHさんは91歳。Hさんの自宅は都内有数のターミナル駅が最寄り。にぎやかな駅前を抜け、坂を上がると古くからの閑静な住宅街が続く地域に、Hさんの住む瀟洒なマンションがあります。

7年くらい前に片づけの依頼を受けて、お宅にお伺いするようになりました。Hさんは元眼科医で、長い病院勤めの後、つい最近までデパートの検眼コーナーで働いていたほど元気な方。

ご主人は内科医でしたが、42歳で亡くなり、以来50年近くひとり暮らしをされています。結婚生活はわずか数年だったと聞きます。お子さんはいません。

3LDKの広いマンションですが、7年前に伺ったときは、リビングはもちろんどの部屋もモノであふれていました。洋服をはじめ、雑誌や新聞、単行本や文庫本など、おしゃれで、勉強熱心なHさんの部屋らしいと言えばそうなのですが、どこもかしこも足の踏み場がないほど。リビングに通されて、「どうぞお座りになって」と勧められましたが、正直、どこに座っていいかわからないほど、ソファにも洋服が重なっていました。とりあえず、高く積まれた雑誌の山をどけて、私は座りました。

Hさんのために“殺し屋”になった私

「永井さん、家政婦さんにお願いしても、なかなか片づかないのよね」

Hさんは仕事をされていた当時、家政婦さんを雇っていました。家政婦さんを雇っていれば、家が片づくと思っていたようですが、家政婦さんは食事、洗濯、掃除はしてくれますが、Hさんが望むようなモノの片づけまではしてくれません。眼科医として長年忙しくしてきたため、家を片づけるタイミングを逸し、もはやどこから手をつけていいのかわからない状態になっていたのです。

「家政婦さんは片づけのプロではないから、私と一緒に少しずやっていきましょう」と私は声をかけました。

ここからHさんとの片づけが始まりました。

Hさんの場合、多かったのは、洋服、雑誌や本、写真。おしゃれなHさんは衣装持ちで、洋服ハンガーの上に洋服が何枚も重なっているような状態。仕立てのいいスーツや上質な衣類が残念なことになっていました。

また、読書家なので、雑誌や本が方々に積まれ、足の踏み場がなくなる原因に。雑誌や本はたまってくると、片づけようにも重くなり、高齢者にはきつい作業です。

旅行好きのHさんは、写真も大量にありました。フィルム時代からのもので、袋にフィルムと紙焼き写真がガサッと入っていて、それが何袋もありました。

介護こそ必要のないHさんですが、80歳を過ぎたおばあちゃんです。私はHさんが快適に暮らせる家を目指して、代わりにモノを処分する“殺し屋”になったのです。高齢者は自分で手を下すことができず、おっくうになっています。また、片づけるにもある程度のモノを処分しないと始まらなかったからです。

夢の島に行かなければ、それでいい！

Hさんは、デパートのお得意さんで、洋服はデパート品質の上質なモノばかり。捨てることに慣れている私でも、少しためらってしまう洋服も。でも、80歳を過ぎたHさんには、年齢的にふさわしくなくなってしまったモノや、ずいぶん長い間袖を通していないモノ、流行遅れになってしまったモノなど、必要ない洋服がたくさんありました。捨てるのをためらうHさんのために、洋服を一つ一つ取り出して、「これ素敵だけど、Hさん着るかなあ?」と質問をして、「よく見たら派手ね。私はもう着ないかしら……」と、要・不要を選別しながら、私が捨てる役割を引き受けました（殺し屋ですね）。

それらをゴミ袋に入れて、ゴミの日に出すのは簡単なことなのですが、いくら不要になった洋服とはいえ、気に入ってよく着たモノもあれば、捨てるには忍びない値の張るモノもあります。

「これ、まだまだ着れそうだから、リサイクルショップに持っていく?」と提案してみると、Hさんは意外にも喜んで、「誰かが着てくれるならぜひ!」と快諾してくれました。いくらにもなりませんが（むしろお金の問題ではなく）、夢の島に行くぐらいなら、誰かに着てほしい。Hさんの素直な気持ちでした。

その後、ゆるゆると片づけは進み、7年のおつき合いになりますが、90歳を超えたHさんは終活にも取りかかっています。子どもがいないので、身寄りは甥っこさんだけ。何かあったときは「永井さんに連絡をしてほしい」という契約書も交わしています。

その契約書の趣旨は、「見ないで処分してほしいモノはこれ」「大切にしているモノだから、希望があればもらってほしいモノはこれ」など、モノに関するお願いごとが記されています。甥っ子さんに遺品整理で負担をかけないですむからとHさんは安心しています。

PART 4

最期を迎えるための片づけのコツ

悲しいことですが、必ずやって来るのが親との別れです。親が元気なうちは、亡くなった後のことを話すのには抵抗があるでしょう。けれど、親が元気だからこそ、親が大切にしているモノを知り、亡くなった後どうしてほしいかを一緒に考えることは、親子にとって後々代えがたい時間になるはずです。一歩踏み込んだ片づけ方のコツをお話します。

1 親にエンディングノートを書いてもらう

悩みポイント

親に快くエンディングノートを書いてもらうにはどうすればいい？

エンディングノートがあると**遺品整理がスムーズ**にできる

亡くなってからでは遅い。親が生きているうちに聞いておく

日ごろの会話から引き出して**子どもが書きとめておく**ことも

親が亡くなった後、
困らニャイために
書いてもらおう！

エンディングノートは親、子どもがどこにしまってあるかわかるようにしておくことも大切です。

終活も徐々に市民権を得てきて、エンディングノートを書く人も多くなってきているようですが、それでもまだ一部の人たちの間でのこと。

そもそもエンディングノートは、自分に何かあったときのために、あらかじめ家族など周囲の人に伝えたいことを書きとめておくもので、財産分与など金銭的なことを除いた自分の思いや伝えたいこと、遺品整理、形見分けのことなどを書くノートです。

例えば、重篤な病気になったときの延命処置の有無や介護の方法、葬儀のスタイルなどでもOK。遺書のように法的な効力はありませんし、何を書いても自由です。

また、エンディングノートを書くことで今までの自分の人生を振り返ることができ、これから残りの人生をどう生きていくかのきっかけにもなります。

こうしたことを理解し、親が自ら書いてくれるのがいちばんですが、なかなかそうはいきません。そして、「自分の親に書いてとは言えない」「書いてとお願いしているが、なかなか書いてくれない」という声をときどき耳にします。あらたまって「書いて」と言うのがちょっと難しいなら、子ども側が知っておきたいことを日ごろの日常会話から引き出して、子どもがエンディングノートに書きとめておきましょう。特に、片づけるという意味では遺品整理リストを作成しておくと、親が亡くなった後、遺品整理をするときのはかどり方が違います。

例えば、骨董品。価値のあるモノなのか、ないモノなのかわかりますし、価値があったとしても、興味のない側からすれば、それは必要のないモノなので手放すということにも。エンディングノートに書いてあれば、それに従って手放せるのです。

エンディングノートに活用してもらえるように、左ページに「遺品整理リスト」を紹介しています。「モノ」がどこに保管されていて、それに対してどういう対応を希望するか、「すべて処分」「リサイクル・寄付」「家族に任せる」など項目を挙げています。アレンジしてもらっても、もちろん構いません。

また、エンディングノートはどこにしまってあるかわからないのでは、意味がありません。親、子ども、どちらもわかりやすい場所に保管しておくことも大切です。

遺品整理リスト

モノがどこにしまってあって、どう処分するかを遺品整理リストを活用してまとめるといいでしょう。

モ　ノ		保管場所	
希望する対応	□ すべて処分　□ リサイクル・寄付　□ 家族に任せる □ その他		

モ　ノ		保管場所	
希望する対応	□ すべて処分　□ リサイクル・寄付　□ 家族に任せる □ その他		

モ　ノ		保管場所	
希望する対応	□ すべて処分　□ リサイクル・寄付　□ 家族に任せる □ その他		

モ　ノ		保管場所	
希望する対応	□ すべて処分　□ リサイクル・寄付　□ 家族に任せる □ その他		

モ　ノ		保管場所	
希望する対応	□ すべて処分　□ リサイクル・寄付　□ 家族に任せる □ その他		

モ　ノ		保管場所	
希望する対応	□ すべて処分　□ リサイクル・寄付　□ 家族に任せる □ その他		

モ　ノ		保管場所	
希望する対応	□ すべて処分　□ リサイクル・寄付　□ 家族に任せる □ その他		

2

遺族が困らない形見分けリストの作り方

悩みポイント

「形見分けしたい」と思っている父母。遺族が困らないためにどうすればいい？

誰に何をあげたいのかを**「形見分けリスト」**に書いておく

↓

形見がいるか、いらないか**生前に分ける人に確認を**

↓

「いらない」と言われても親は案外、**さっぱり割り切れる**

親が元気なうちに、誰に何を形見分けするのか聞いて書きとめておきます。スムーズに形見分けが行えます。

そもそも形見分けとは、遺品から故人が大切していたモノや愛用品などを選び、それを家族や親族、親しかった人に贈ることです。そして、故人の思い出を共有して偲ぶためにするのが形見分けの一般的な意味合いです。

しかし、形見分けでトラブルになりがちなのが、「誰が何をもらうか」ということです。特に高価な宝石や着物などはそうなりがち。こうしたつまらないトラブルを避けるためにも、「形見分けリスト」を作って、「誰に何をあげたいのか」を元気なうちに明記しておいてもらいましょう。

そして、もっと大切なことは、形見を受け取る人に形見分けするモノがいるのか、いらないのかを確認することです。なぜなら、死後、いざ形見分けをしたときに、「いらない」

と言われることが意外と多く、遺族が困るケースがあるからです。

「いらない」と言われても、例えば、エンディングノートに書かれていた場合、形見分けしないと遺族は故人との約束を破ったように思い、罪悪感にさいなまれることもあります。そのモノの大切さを聞いていればなおさらです。

けれど、生前にもし、「いらない」と言われたらそれなりの対処ができますし、言われた親も案外さっぱりと割り切れるのです。

セミナーでも形見分けリストを書いてもらうときがありますが、何も書いていない人も結構いて、どうして書いていないのかを尋ねたら、「みんなにいらないと言われました」と。そして、「お金になるなら今のうちに売って、おいしいものでも食べに行くわ」とさっぱりしています。

買ったときにどんなに高くても、その人にとってどんなに価値があっても、形見分けしてもらうほうにとっては、趣味嗜好に合わなければ不要なモノなのです。

ですから、親が元気なうちに形見分けリストを作ってもらい、形見分けする人に確認しておいてもらうことがとても重要なのです。

形見分けをする時期に特別なルールはありませんが、四十九日の法要など親族などが集まったときに行われることが一般的なようです。ただ、宗派や宗教によって異なることも。また、近年では生前に形見分けするケースもあります。生前にしておけば、形見分けリストを作るまでもありませんし、少しずつ整理しておくのもひとつの方法です。

形見分けリスト

何を、誰に形見分けするか、モノの保管場所と相手の連絡先などをリストにしておくとわかりやすい。

モ　ノ		保管場所	
誰　に		連絡先	
備　考			

モ　ノ		保管場所	
誰　に		連絡先	
備　考			

モ　ノ		保管場所	
誰　に		連絡先	
備　考			

モ　ノ		保管場所	
誰　に		連絡先	
備　考			

モ　ノ		保管場所	
誰　に		連絡先	
備　考			

モ　ノ		保管場所	
誰　に		連絡先	
備　考			

モ　ノ		保管場所	
誰　に		連絡先	
備　考			

3

棺《ひつぎ》に入れる〝旅立ちセット〟を作っておく

悩みポイント

“旅立ちセット”なるモノを用意しておけば、親にとっても安心に。

もしものときに備えて
棺に入れたいモノを聞いておく

聞くタイミングは
一緒に片づけをしているとき

ひとつにまとめて
親が安心する場所に置いておく

聞くタイミングは難しいけれど、きちんと聞こう！

どんな服を着て旅立ちたいのか、棺にどんなモノを入れたいのか、聞いて揃えておくといいでしょう。

着るもの
写真
お気に入りの本
ぬいぐるみなど

葬儀のときに、棺に故人にちなんだモノを入れることが多いですが、入れるモノは人によってさまざまです。でも、なんでもいいのかというと、そういうわけではありません。基本的に燃えるモノに限られます。

もしものときに備えて親が元気なうちに棺の中に入れたいモノ、そのときに着たい服などの〝旅立ちセット〟はどうするのか聞いておきましょう。聞くタイミングは一緒に片づけをしているときに「最期まで持っていたいモノは？」「どんな洋服を着たいの？」など話をしながらだと親も伝えやすいと思います。

あるお宅で片づけをしたときに白装束があって、そこの奥さんに「私が死んだときに着せてほしい」と言われたことがあります。その話をきっかけに、棺に入れたいモノを教えてもらいました。

そしてそれをひとつにまとめて、娘さんに「お母さんの旅立ちセットです」と伝えて渡しました。娘さんは「え、そうなんですね」と大切にしまっていました。しまう場所は「あそこに入っているのね」と親が安心できる場所やふだんあまり開けないような場所がいいでしょう。その後、奥さんは入院。すぐに亡くなるとは思わなかったのですが、容態が急変して亡くなりました。その前にも病院から何度も呼び出しがあり、「もう危ない」と言われたときに旅立ちセットを看護師さんに渡しておいたので、葬儀の準備はスムーズに行えました。

「棺に入れたいモノ」で多いのは写真で、旅行に一緒に行ったときの写真などを入れるケースも多いです。また、葬儀のときに家族写真を写真展のようにして飾り、参列者が昔話に花を咲かせることもあります。

親にはなかなか聞きづらい場合もあるかもしれませんが、エンディングノートや形見分けと同じで、親が元気なうちにきちんと聞いておくと、いざというときにも慌てずにすみます。特に高齢の親はいつどんなことがあるかもしれないので、タイミングを見て聞いておくようにしましょう。

前述したように旅立ちセットは燃えるモノに限られます。親が愛用していたメガネや時計、アクセサリーなどの金属類は火葬のときに遺骨を傷つける可能性があるため、入れられません。入れる場合は火葬後、遺骨と一緒に骨壷に納めるのが一般的です。

旅立ちセットリスト

まだ心の準備ができていなかったり、具体的にモノが用意できない場合などは、リストにしておいても。

納棺時の服装について	
	□ 特に決めていない
	□ 用意したモノを使ってほしい
保管場所	

遺影について	
	□ 特に決めていない
	□ 使ってほしい写真がある
保管場所	

棺・骨壺に入れてほしいモノ	
	□ 特に決めていない
	□ 入れてほしいモノがある
保管場所	

片づけているとき
に聞くのがいい
みたいだニャン

4

人生最期の写真〝遺影〟を選んでおく

悩みポイント

旅立ちセットの準備ができたら、遺影も選んでおくとさらに安心。

元気なうちに**遺影も本人に選んで**おいてもらう

写真を整理するタイミングで家族と相談しながら

いい写真がなければ**写真館で撮ってもらう**のもあり

楽しみながら「これいいね」と選べば、重くならない！

お気に入りの衣装に、ちょっと華やかなメイクで、写真館で撮ってもらう人も増えてきています。

遺影も親が元気なうちに本人に選んでおいてもらうのが理想的です。写真を整理するタイミングで家族と相談しながら、何枚か候補を選んでおくといいでしょう。でも、過去の写真で遺影にできるものは意外と少ないもの。そのため、写真館で新たに遺影を撮影する人も増えています。親が元気で生活しているなら、写真館での撮影も可能ですが、施設に入所している場合や入院している場合はそうはいきません。施設に入所している母親にアルバムを持っていき、「あのときはああだった、こうだった」と話を聞き、見終わった後にほどなく母親が旅立ったという方がいます。このとき、母親がいちばん気に入っている写真を知ることができ、それを遺影にしたというケースもあります。

5

慌てないための最後の大事な書類整理

悩みポイント

親が亡くなった後の死亡届をはじめとした手続きなどをスムーズに行うには？

公的、民間の手続きにはそれに伴う**書類が不可欠**

↓

父用、母用にざっくり分けて**クリアファイルに入れる**

↓

家族がわかる場所に保管しておく

↓

手続きに必要な書類は父用、母用と分けて、チャック付き袋などにまとめておくと手続きもバタバタしません。

親の死亡後は、死亡届のほかにも、年金や健康保険などの公的な手続きや民間の保険関係、各種の名義変更などやらなければならない書類の手続きが山ほどあります。当然のことながら書類の分量もたくさんです。

こうした最終的に手続きしなければならない書類は父用、母用に分け、クリアファイルやチャック付きの袋に入れておきます。このとき、印鑑と朱肉も入れておくといいでしょう。

書類をこと細かに項目ごとなどに分けてしまうと、またその分多くなってしまうので父用、母用とざっくりと分けてまとめておき、家族がわかる場所に保管しておけばＯＫ。

死亡後、これを持って手続きに行けばいいので慌てることもありません。

6

寂しいけれど…実家をたたむということ

悩みポイント

実家をたたまなければいけないという状況は、どういう場合が考えられる？

実家をたたむその日は**突然やってくる**

特に団地は**長期不在にしていると退去**させられるので事前に準備を

退去の期限が決められていても**丁寧に片づける**と悔いが残らない

実家をたたむ日は突然やってきます。心の準備のためにも、少しずつ片づけておきたいものです。

一戸建て、マンション、団地など、実家にもいろいろな形態がありますが、実家をたたむ日は突然やってきます。

一戸建てなど持ち家ならまだいいのですが、大変なのは賃貸の団地。それでも施設への入所や子どもと同居するために引っ越す場合は計画を立てられますが、入院して退院のめどが立たず、長期不在にしたり、不幸にも亡くなった場合、即退去になってしまいます。

何も準備していないと悲しみの中、退去のためのさまざまな手続きに追われ、大変な思いをするケースも。そうならないためにも親が元気なうちに実家を片づけ始めるのが理想的。でも、たとえ期限が決められていても、ひとつずつ丁寧に片づけると、家族に悔いが残りません。

COLUMN ❹

片づけヘルパー　利用者の声

自分では片づけられないモノや手放せないモノも、
プロにお願いすることでスムーズにできます。片づけヘルパーを
利用した人たちの喜びと感謝の声が続々と届いています。

利用者の声1　中村有香子さん（仮名）60代

90歳で人生の転機が訪れた父

　母が亡くなってから、父はひとり暮らしなのですが、とにかく家の中がすごいことになっていて……。母の洋服などがそのままになっていたり、リビングのテーブルには新聞やダイレクトメールなどが山積みで、それが雪崩を起こし、もう大変。食事をする場所さえもなく、父に幾度となく、「片づけて」とお願いしていたんですが、頑固で私たちの言うことを聞いてくれません。片づけヘルパーさんのことを知り、お願いすることにしました。ヘルパーさんは父に「どうしたいのか?」と聞いてくれて。すると、「妻のモノを処分してほしい、あるのがつらい」と言ったんです。それには驚きました。私たちは父が寂しいと思い、母のモノを残しておいたのに。その後、家族で母のモノを片づけました。部屋がきれいになった父は、「90歳で人生の転機が訪れた」と喜んでいました。

利用者の声2　山口重雄さん（仮名）70代

ガン末期、余命宣告を受けて

　70代ひとり暮らしの男性です。ガン末期の余命宣告を受けました。このまま家で亡くなったら、モノに埋もれて発見が遅くなると思い、片づけヘルパーさんにお願いする決心をしました。
　母が生きていた頃は片づけていたんですが、12年前に母が亡くなってからは、「片づけなさい」と言う人がいなくなり、それからだんだんと片づけなくなって、気がつくと今のようなモノがあふれた状態になってしまいました。

私は基本的にモノはすべて再利用できると思っていて、そのせいか、モノを捨てるということにとても抵抗があるんです。でも、今回はもう、そうも言っていられなくなりましたので、片づけヘルパーさんふたりに来てもらい、5時間ぐらいかけてきれいにしていただきました。ちゃぶ台の下に敷いていたラグマットも思いきって処分したら、12年ぶりに畳が見えて感動しましたよ。

利用者の声3　**大原光江さん（仮名）80代**

80代からの遺品整理と生前整理

3カ月前に夫が亡くなり、心にぽっかり穴があいたようで、毎日、毎日寂しくて仕方ないんです。何もする気が起きなくて、部屋には夫のモノ、タンスには夫の洋服がそのまんまなんです。見るとつらいんですが、自分で片づけるのもなんだかできなくて。

いつも来ていただいているヘルパーさんにお話ししたら、片づけヘルパーさんという方を紹介していただき、お願いしました。

片づけヘルパーさんは、最初に私にどうしたいのかを聞いてくださって、素直に「夫のモノはすべて処分してほしい」とお話ししました。そして、不用品引取業者に依頼して引き取ってもらったんです。このとき、地震が怖いからタンスも一緒に処分しました。自分の洋服はラックに吊るしました。ラックに吊るすと見えるので朝、起きて、「今日はどのお洋服を着ようかしら」と選ぶのも楽しみです。

夫のモノはすべて整理できても、自分のモノをいざ生前整理しようとすると、いろんなことを思い出してなかなかできません。だから、片づけも遅々として進まなくて。それでも、片づけヘルパーさんの力を借りながら、なんとか片づけることができました。

実家が片づいたのを遠方に嫁いだ娘が見て、「一緒に住もう」と言ってくれたんですが、実は住み慣れた家を離れるのが寂しくてモノが手放せなかったんですね。でも、娘と同居する決心をしてからは、あれだけ執着していたモノも自然と手放せるようになりました。必要なモノだけ持って今は娘の家で同居しています。

利用者の声4　松村洋子さん（仮名）80代

納戸の床がシロアリの巣窟に

夫が亡くなり、夫のモノをすべて処分したいと思っていました。納戸は夫がずっと管理していたので、家族の誰も何が入っているかまったくわからなかったんです。私ひとりでは無理なので片づけヘルパーさんに依頼することにしました。まずは納戸から片づけていただいたんですが、大工道具やら趣味の釣り道具、子どもたちが小さかった頃に使っていたおもちゃなど、いろんなモノが出てきました。家族会議を開き、「手放そう」ということで意見が一致。まだ使えそうな大工道具を残して後はすべて処分しました。　納戸が空いたので喜んでいたら、床が腐っていたことが判明。業者に補修工事をお願いして床をはがしたら、シロアリにやられていたんです。片側の壁の一部も大変な状態でした。片づけをしたから発見できて、手遅れにならず本当によかったです。

利用者の声5　安藤由紀子さん（仮名）60代

本の重みで床が抜け、家を建て替え

わが家の本の量が尋常じゃなくて……。1階の2部屋と2階の3部屋を本が占領していたんです。どの本棚も重みで棚がゆがんでいて、これはどうにかしないと大変なことになると思って、片づけヘルパーさんにお願いしました。

本だけを置く部屋を作り、本棚も新しくしてジャンル別に収納したいという希望をお伝えしてやっていただいたんです。車庫にブルーシートを敷いて、家にあるすべての本を出しました。そして、本棚を撤去したら、床が波打っていたんです。専門の業者に来ていただき調べてもらったら、床が抜けていることが判明したんです。補強だけでは難しいと言われ、結局、家を建て替えることに！

でも、整理しなければわからなかったので、やってよかったです。また、本もある程度手放すことができました。

利用者の声多数

- 頑固な父が片づけ始めました。
- 私が「これも手放していいんじゃない？」と聞いても「いる」と言うが、片づけヘルパーさんが聞くと「いらない」とすんなりと処分しました。
- 親に対して一緒に向き合ってもらってよかったです。
- 間に入ってもらって、お互いの気持ちが話し合いできてよかったです。
- 親が亡くなったときに旅立ちセットが用意されていて慌てずにすみました。
- いてくれるだけで、片づけスイッチがオンになります。
- ほめてもらいたいから、来る日までに片づけるようになりました。
- 片づけが苦手でしたが、私のことを肯定してくれるので片づけが好きになりました。
- 部屋が片づいたことで親に「ありがとう」と言われてうれしかったです。
- 20年の悩みが解決しました。
- 片づけはエステよりも気持ちがいいです。

片づけは親孝行のチャンス

高齢者の方は、子どもたちに迷惑をかけたくないという気持ちが強く、今の生活を保とうとします。「これまでに比べて暮らしづらくなった」なんて、子どもには言いにくいのです。

だからと言って、現状のままでいいはずはありません。

子どもにしても、「どうせ親はやらない」「戦時中の人はモノを捨てない」「ムダな努力……」とあきらめている人も多いです。

私自身は、父親が20年前に他界しました。まだ介護の資格を取得したばかり、片づけの仕事をしていない頃です。父親は入退院を繰り返していましたが、まだまだ生きると思っていましたし、たぶん父もそう思っていました。

が、その日は突然やってきました。入院中に急変して、帰らぬ人になったのです。家は父が入院して出て行ったときのまま。他愛のない話しかしたことのない父娘だったので、父がなくなった後の父のモノの片づけは想像以上に大変でした。もっと父に寄り添い、たくさんの話をしておけばよかったと後悔しきれません。

そのような経験から、私のように後悔してほしくないと強く思っているのです。親が生きてきた証を共有し、生きているからこそ親に感謝し、そして、後に残される家族へつないでいってほしいのです。

親のための片づけは娘さん、息子さんの親孝行の絶好のチャンスです。

そして、今まさに介護にあたっている方が少しでもラクになれるように、どうか介護で自分を壊さないように、そんな思いも込めて書きました。

片づけのこと、介護のこと、親子のこと……、もし何か困ったら、自分ひとりで抱え込まないで、どうか私に相談してみてください。私はどこへでも飛んでいきます！

永井美穂

永井 美穂（ながい みほ）

1965年愛知県生まれ。認知症が進行した祖父の最期に、怖くて手を握ることができなかった後悔から、10年勤めたテレビ制作会社を辞め、介護の仕事をしようと決意。介護福祉士として10年間介護事務所に勤務、高齢者の在宅介護に従事する。環境整備、清潔保持から栄養管理にまでわたるきめ細やかな対応により、多くの家庭の信頼を得る。さらに整理収納アドバイザーの資格を取得し、高齢者が健康、安全に暮らせる環境作り、片づけを実践するために、2009年より日本初の「片づけヘルパー」となって活動を続け、今年で10年を迎える。NHK『クローズアップ現代』『おはよう日本』、テレビ東京『ワールドビジネスサテライト』など、メディアにも多数出演。
永井美穂オフィシャルサイト
https://www.mie-style.com/

●片づけヘルパーの問い合わせ先
NPO法人グレースケア
☎0422-70-2805
https://g-care.org/

日本初の片づけヘルパーが教える
親の健康を守る 実家の片づけ方

2019年11月1日　第1刷発行
2020年 2 月1日　第2刷発行

著者　永井《ながい》 美穂《みほ》
発行者　佐藤 靖
発行所　大和《だいわ》書房
東京都文京区関口1-33-4
電話：03-3203-4511

ブックデザイン　マルサンカク
イラスト　吉沢深雪
DTP　谷川のりこ
校正　小出美由規
取材・文　須藤桃子
編集・取材・文　時政美由紀（マッチボックス）
本文印刷　厚徳社
カバー印刷　歩プロセス
製本　小泉製本

ISBN978-4-479-78489-0

http://www.daiwashobo.co.jp/